La télégraphie électrique entre les deux mondes

La télégraphie électrique entre les deux mondes.

Un miracle de la science.

Collection « *Science et Evolution du Savoir* »

Henri Blerzy - Auguste Laugel

Editions Le Mono

ISBN : 978-2-36659-679-3
EAN : 9782366596793

Première partie

La Télégraphie océanique et l'expédition du Great-Eastern[1]

Le télégraphe électrique annonçait à toute l'Europe un merveilleux succès. Un câble sous-marin qui venait d'être immergé à travers l'Atlantique établissait un lien direct entre les deux continents de l'ancien et du nouveau monde. Les dépêches s'échangeaient d'Europe en Amérique ; une conversation pouvait être entretenue entre Talentia, sur la côte d'Irlande, et la baie de la Trinité, sur la côte de Terre-Neuve, à travers 3 100 kilomètres de mer et 70 degrés de latitude. Le résultat obtenu était d'autant plus remarquable que l'Atlantique, par la largeur et la profondeur qu'il présenté, est à coup sûr celui de tous les océans qui devait offrir le plus d'obstacles à la télégraphie sous-marine. Trois ou quatre tentatives antérieures, dont on n'avait guère entendu parler que pour apprendre qu'elles avaient échoué, semblaient

---

[1] Par Henri Blerzy (1830-1904).

augmenter les difficultés de l'entreprise. Pour tous les hommes, (le nombre en est grand) qui n'ont pas le temps d'étudier par le menu les données d'une question, le succès est la mesure. On se disait donc en général que de nouveaux essais n'aboutiraient qu'à de nouveaux désastres. Il y a trois ans, après quelques réussites partielles et les nombreux échecs qui marquèrent les débuts de la télégraphie océanique, nous essayions ici même d'analyser les ressources dont disposait cette industrie toute récente, de montrer ce dont elle était capable et ce qui en entravait encore les progrès. La science était alors dans l'enfance. Après un résultat tel que celui qui vient d'être réalisé, le moment est venu peut-être d'étudier à nouveau le problème et de soumettre à une vérification nouvelle les principes qui avaient été posés. L'expérience a parlé, il convient d'en interpréter les décisions.

Ce que c'est qu'un câble télégraphique, on le sait assez après ce qui en a été tant de fois raconté. Il serait superflu de décrire tous les modèles divers que les inventeurs se sont imaginé de proposer; les essais du reste n'ont pas été favorables aux innovateurs. Toutes les entreprises qui ont été suivies de succès ont été fidèles, à des détails près, au modèle de câble qui fut adopté en 1851 pour rétablissement de la première ligne sous-marine. C'est au centre un faisceau de fils de cuivre recouvert d'une enveloppe isolante de gutta-percha, autour de cet axe une garniture de matière textile en guise de matelas, par-dessus des fils de fer ou d'acier nus ou enveloppés de chanvre et enroulés en hélice. Le fil central conduit l'électricité ; la gutta-percha en empêche la déperdition ; le reste protège contre toute sorte d'accidents la partie intérieure, l'*âme*, qui est la chose essentielle. Quant à l'épaisseur de ces différents fils et des matières qui les séparent, quant à la proportion à établir entre le poids du cuivre et celui de la gutta-percha, ce sont des problèmes à résoudre en chaque cas particulier. La théorie, si elle fait défaut, là pratique guide le constructeur. Rien de tout cela n'est arbitraire. L'ingénieur fixe d'avance les diamètres d'après la connaissance qu'il a de la longueur du trajet à parcourir, d'après la profondeur des eaux au fond desquelles il s'agit de descendre, et le degré de vitesse que les transmissions télégraphiques doivent atteindre. Tel câble bon pour une certaine traversée ne conviendrait pas dans une autre nier. Dans une machine bien faite, toutes les parties, on le sait, sont solidaires, et aucune d'elles n'est laissée à l'arbitraire du fabricant.

Il ne peut être question de rappeler ici tout ce qu'il a été créé de communications sous-marines ou sous-fluviales en ces dernières années. La liste en serait trop longue. Aussi bien on est habitué depuis longtemps à immerger sans accidents et à conserver en bon état les câbles qui ne présentent qu'une longueur restreinte, une centaine de kilomètres par exemple, tandis que les lignes qui franchissent les grands océans ne paraissent toujours posséder qu'une vitalité incertaine. Cependant de grands efforts ont été tentés pour rendre stables et rapides les correspondances lointaines ; de grands progrès ont été réalisés. D'importants travaux de cette nature ont été accomplis par les Anglais en deux directions qui ont pour eux un égal intérêt, la route de l'Inde et la traversée de l'Atlantique. Il est utile d'abord d'exposer ce qui a été fait et ce qui en est résulté. Ce qu'il faut en conclure viendra naturellement à la suite.

I

Pour établir une ligne télégraphique entre l'Europe et la péninsule de l'Inde, on avait le choix entre deux routes, soit par Constantinople, l'Asie-Mineure et le golfe Persique, soit par l'Égypte et la Mer-Rouge. Les considérations politiques, qui sont d'un grand poids en pareille matière, conseillèrent tout d'abord d'adopter le second de ces tracés, comme étant jalonné par de nombreuses stations européennes et parcouru d'ailleurs à fréquents intervalles par les courriers ordinaires. Une ligne télégraphique sous-marine sur toute son étendue fut créée en 1859 et 1860 depuis Suez jusqu'à Kurrachee, aux bouches de l'indus, par une compagnie à laquelle le gouvernement anglais avait accordé son concours sous forme de garantie d'intérêts. Nous avons raconté déjà l'histoire de cette entreprise, qui ne fut pas heureuse, puisqu'elle ne put transmettre les correspondances que pendant quelques mois. Les câbles n'étaient pas d'Un modèle convenable, et l'immersion ne s'en était pas effectuée sans dommages. Quelques interruptions se produisirent ; on désespéra d'y remédier. La ligne entière fut abandonnée. A la suite de cet échec, qu'il y avait des motifs d'attribuer en partie à l'impéritie de ceux qui dirigeaient les opérations, le gouvernement général de l'Inde résolut de ne plus se fier qu'à ses propres ingénieurs. La participation d'une compagnie financière à un travail si délicat parut, à tort sans doute, ne mériter aucune confiance. Un officier de l'armée anglaise dans l'Inde, le colonel Stewart, partit en mission ; il explora les côtes du Mekran, du golfe Persique, et la Turquie d'Asie de Bassorah à Constantinople. A son retour, d'après l'avis favorable qu'il émit, il fut décidé que l'on construirait une nouvelle ligne télégraphique à travers les contrées qu'il venait de parcourir. Le colonel Stewart avait la surintendance générale des travaux ; sir Charles Bright et M. Latimer Clark, deux ingénieurs que des études spéciales avaient fait connaître en Europe, eurent charge de faire fabriquer le câble et de diriger toutes les opérations techniques jusqu'à complète installation.

On ne saurait juger tout ce qu'il y avait d'avantageux dans le nouveau tracé qui venait d'être choisi, si l'on ne se rappelle que les câbles posés à une date antérieure avaient rencontré deux obstacles principaux ; D'une part, lorsque les eaux des mers où on les enfouissait étaient très profondes, ils risquaient de se rompre pendant les manœuvres de l'immersion, ou bien ils éprouvaient des avaries plus ou moins graves qui en compromettaient là durée ; lorsqu'une interruption survenait, on était incapable de les relever et de les réparer. En second lieu, les savants avaient constaté que l'électricité ne se propage qu'avec une extrême lenteur dans les câbles sous-marins, à tel point qu'un fil conducteur de 1,000 kilomètres de long ne donne plus, à moins d'être d'un diamètre exagéré, que dix ou douze mots par minute ; un câble de 2000 kilomètres n'était même apte à transmettre que trois ou quatre mots par minute. Le travail utile et par suite le rendement commercial de la ligne se trouvaient réduits dans la même proportion. Voulant avoir une ligne solide et productive, le gouvernement de l'Inde se crut obligé de la diviser en plusieurs sections assez courtes, avec des bureaux de réception intermédiaires et des profondeurs d'eau aussi failles que possible. Ces deux conditions étaient réunies sur la route du golfe Persique. A partir de Kurrachee, dernière station du réseau télégraphique indien, une ligne terrestre devait être établie le long de la côte du Mekran jusqu'à Gwader. C'est là que commencerait le parcours sous-marin. Un premier câble s'étendrait de Gwader au cap Mussendom, à l'entrée du golfe Persique ; un second du cap Mussendom à Bushir, sur la côte de l'empire persan ; un troisième de Bushir à Fao, tout au fond du golfe, à l'embouchure du Shot-el-Arab, large estuaire par lequel s'écoulent les eaux réunies du Tigre et de l'Euphrate. Sur tout ce parcours, les sondages n'indiquaient qu'une profondeur d'eau de 200 mètres au plus, avec un bon font de sable ou de vase. A Fao, on arrivait sur le territoire ottoman. Les Turcs se réservaient le soin de construire une ligne terrestre qui, par Bassorah, Bagdad, Mossoul, Diarbekir et Sivas, aboutirait à Scutari, en face de Constantinople. Arrivées là, les dépêches devaient être livrées au réseau européen, qui se rattache en plusieurs points aux lignes télégraphiques de la Turquie d'Europe. Tel était le projet du colonel Stewart ; l'idée principale était d'éviter les longues traversées sous-marines et de poser le télégraphe sur le sol terrestre partout où l'hostilité des tribus sauvages n'y ferait pas obstacle. Il était déjà permis de prévoir que le passage de l'Asie-Mineure serait la partie faible de la ligne, tant à cause de l'insubordination des peuplades qui habitent le pays appelé Irak-Arabi, entre Bagdad et Bassorah, qu'en raison de l'indolence des Turcs pour toute espèce de travaux publics.

Il y avait environ 2000 kilomètres de câble à fabriquer. Le type que les ingénieurs adoptèrent pour le conducteur sous-marin différait peu de ce qui avait été fait auparavant. C'était encore un fil de cuivre isolé par des couches alternatives de gutta-percha et d'une composition gluante (*Chatterton composition*), avec une enveloppe protectrice de gros fils de fer galvanisés. Il y eut toutefois deux innovations : le fil de cuivre central, au lieu d'être un toron de sept fils fins, fut composé de quatre segments circulaires que le passage au laminoir appliquait très exactement les uns contre les autres, et l'enveloppe extérieure en fil de fer fut protégée elle-même contre la rouille par un enduit bitumineux d'une élasticité convenable. La fabrication, commencée en février 1863, était achevée à l'automne de la même année. Le poids total de ce câble, qu'il restait à transporter dans les mers de l'Inde, n'était pas moins de 6000 tonnes. On nolisa six gros navires à voiles et on établit à l'intérieur de chacun d'eux trois larges cuves circulaires où le câblé était enroulé par sections de cent à deux cents kilomètres. Ces cuves étaient en suite remplies d'eau en sorte que le précieux chargement put être expédié à destination sans souffrir de la chaleur ou de la sécheresse. Sur chaque bâtiment, il y avait un état-major d'électriciens avec tous les appareils propres à constater jour et nuit l'état d'isolement et de conservation de chaque fragment de câble embarqué. Ces navires partirent l'un après l'autre, à mesure qu'ils eurent reçu leur chargement. Tandis qu'ils accomplissaient leur longue traversée par le cap de Bonne-Espérance, — de Plymouth à Bombay, le plus rapide des six fut quatre-vingt-dix jours en route, — les ingénieurs prenaient la voie rapide de Suez et les allaient attendre à leur arrivée dans l'Inde.

Le gouvernement de l'Inde n'avait pas ménagé son concours à l'opération. Il y avait cinq bâtiments à vapeur à la disposition des ingénieurs ; deux d'entre eux devaient remorquer les navires à voiles, tandis que le câble serait déroulé à la mer ; un autre, le *Coromandel*, avait à son bord le chef de l'expédition et ses principaux adjoints ; une canonnière à faible tirant d'eau avait pour mission de faire les atterrissements, c'est-à-dire de rattacher les bouts du câble au rivage lorsque les gros bâtiments ne pourraient approcher de terre ; enfin un bateau à hélice de 600 tonneaux, l'*Amberwitch*, avait été armé et équipé en vue d'un service permanent sur le parcours de la ligne projetée ; il devait faire la navette d'une station à l'autre, approvisionner les postes isolés et faire les réparations en cas d'accident. Cette escadrille était réunie à la fin de janvier 1864 devant Gwader, point de départ des opérations et première station de la ligne sous-marine. Cet endroit communiquait déjà avec l'Inde au moyen d'une ligne terrestre. C'est une petite ville du Beloutchistan, bâtie de terre et de paille sur une presqu'île sablonneuse entre deux chaînes de hautes montagnes escarpées. Elle appartient, dit-on, à l'iman de Mascate, qui y est représenté par un gouverneur arabe ; mais les chefs voisins en revendiquent aussi la propriété. Il y eut quelques difficultés à poser le *shore-end*, — bout de gros câble qui touche au rivage — parce que l'eau de la baie était tellement basse que les navires ne pouvaient approcher à plus de trois milles de la côte ; cependant on y parvint avec l'aide de la canonnière et des chaloupes. On se mit ensuite à filer le câble le long de la côte montagneuse du Mekran, en ayant soin de passer par les fonds de 100 à 200 mètres. On avait cru jusqu'alors qu'il était impossible d'immerger avec succès un câble chargé sur un navire à voiles qu'un bateau à vapeur traîne à la remorque, parce que les communications sont lentes entre ces deux bâtiments et qu'on ne peut stopper tout de suite en cas d'accident ; mais on eut recours à un mode de correspondance simple et rapide qui prévint toute confusion. Dès que les rouleaux emmagasinés sur l'un des bâtiments à voiles avaient été dévidés en entier, un autre bâtiment venait prendre la remorque, on soudait le câble que portait ce navire à l'extrémité du câble immergé, et l'opération continuait. Au bout de trois jours de marche, l'escadre arrivait en vue de la côte d'Arabie ; l'atterrissement fut fait sans obstacle, la première section de la ligne était établie.

C'est là, entre deux petites baies que sépare le cap Mussendom, à l'entrée du golfe Persique, que se trouve la deuxième station de la ligne ; la station d'Elphinstone, qui est loin d'être un séjour séduisant. Elle est établie sur une petite île rocheuse, juste assez large pour l'usage qu'on en veut faire. Les Arabes des villages environnants sont encore des sujets de l'iman de Mascate ; sauvages et pillards, pirates à l'occasion, ils ne peuvent être que d'une faible ressource aux résidents européens. Pour plus de sûreté, deux pontons sont mouillés dans la baie comme refuge en cas de besoin. Toutes les montagnes du pays d'alentour sont nues et stériles. La. vue n'est pas belle, mais elle est étendue et imposante. Pour la nourriture, on ne trouve guère que des poissons et des huîtres ; les Arabes apportent, quand ils sont bien disposés, des poules et des œufs. Le colonel Stewart eut soin de pourvoir la station d'un alambic pour distiller l'eau de mer et d'un appareil à faire la glace ; il songea aussi aux moyens de rendre cet exil aussi doux que possible. Une bonne bibliothèque, des outils, des armes de chasse, des bateaux de promenade aident les habitants de la petite colonie à passer le temps. Ils sont bien isolés, il est vrai, mais après tout le télégraphe lui-même les tient au courant de ce qui advient déplus important dans l'univers entier. Après quelques jours consacrés à l'installation du poste d'Elphinstone et à une visite à l'iman de Mascate, dont il importait de se concilier les bonnes grâces, la petite expédition reprit la mer, et, favorisée par le beau temps, elle arriva bientôt à la troisième station, la ville de Bushir, sur la côte persane. Elle repartit de nouveau après avoir fait les deux atterrissements sur cette plage, et parvint enfin, le 28 mars, à l'embouchure du Shot-el-Arab, où la ligne sous-marine devait s'arrêter. Le limon que charrie ce grand fleuve a produit d'immenses envasements qui s'étendent à plusieurs milles au large, si bien que, pour mener le câble au rivage, il fallut le traîner à bras d'hommes sur des bancs fangeux où les chaloupes n'auraient pu s'aventurer sans échouer. On mit donc en réquisition cinq cents lascars, qui tant bien que mal finirent par amener le câble au rivage jusqu'au poste de Fao, station terminale de la ligne sous-marine. La communication était alors définitivement établie, entre les bouches de l'Indus et celles de l'Euphrate. Le câble se trouvait dans un état parfait de conservation. Un léger accident qui survint du côté de Bushir interrompit les transmissions télégraphiques, mais ce fut une occasion de reconnaître combien il était facile de réparer un conducteur immergé dans dépareilles conditions. Les ingénieurs électriciens déterminèrent avec exactitude la distance à laquelle le défaut s'était manifesté ; un bateau à vapeur, l'*Amberwitch*, se rendit en toute hâte au lieu indiqué ; deux ou trois jours après, le mal était réparé, les dépêches passaient de nouveau.

Par malheur la ligne terrestre que les Turcs avaient promis d'organiser entre Fao et Constantinople n'était point encore terminée. De Bagdad au Bosphore, le fil télégraphique était en état de fonctionner, de même entre Bassorah et Fao ; mais la partie intermédiaire de Bagdad à Bassorah n'était pas achevée, et ne paraissait même pas près de l'être. Cette partie de la Mésopotamie est occupée par des tribus arabes auxquelles le gouvernement turc est impuissant à imposer ses volontés. Il leur donne des cheiks que les populations ne veulent pas quelquefois accepter. C'était le cas à cette époque. Il y avait lutte entre le cheik nommé par la Porte, et un chef indigène ; celui-ci fut enfin mis en déroute et contraint de s'enfuir dans le désert. Les Anglais avaient tout simplement offert au sultan de traiter eux-mêmes avec les rebelles, se proposant d'offrir à ceux-ci une grosse somme d'argent à la condition que le télégraphe serait respecté. Leurs ouvertures furent repoussées ; mais bientôt le pays redevint tranquille, et les travaux purent être poursuivis. En attendant qu'ils fussent complètement achevés, on échangeait les dépêches entre Bassorah et Bagdad par des cavaliers qui faisaient le trajet en deux ou trois jours. Au reste, cette contrée n'est pas aussi étrangère au progrès qu'on serait tenté de le croire, quoique les fièvres et les maladies tiennent les Européens éloignés pendant plusieurs mois de l'année. Cinq bateaux à vapeur circulent sur le fleuve entre Bassorah et Bagdad ; deux de ces bateaux appartiennent aux Turcs, deux autres sont envoyés par le gouvernement de l'Inde, et le cinquième est la propriété d'un négociant anglais établi dans le pays.

Pendant toute la durée de ce service provisoire de correspondance, les dépêches échangées entre l'Inde et l'Angleterre subissaient une transformation fâcheuse au milieu de leur voyage. Elles étaient expédiées de Kurrachee en anglais ; à leur arrivée à Fao, au bout du câble sous-marin, elles étaient traduites en turc, transmises sous cette forme de Fao à Constantinople, reproduites de nouveau en leur langage original dans cette dernière ville. Les Turcs prétendaient en effet qu'il leur était impossible de donner cours à des télégrammes écrits en une langue étrangère. Cependant il fut remédié à cet inconvénient au mois de septembre 1864 par une convention diplomatique en vertu de laquelle l'administration ottomane s'engageait à choisir les employés de cette ligne importante parmi ceux qui connaissent parfaitement l'anglais. En même temps les ingénieurs anglais, peu confiants en l'activité des Turcs, s'efforçaient d'ouvrir à leur câble de nouveaux débouchés vers l'Europe. A leur instigation, le shah de Perse entreprenait la construction d'un vaste réseau télégraphique à l'intérieur de ses états. La station maritime de Bushir, où accoste le câble sous-marin, fut reliée à Téhéran par Shiraz et Ispahan. De Téhéran partirent deux autres lignes, l'une aboutissant à Bagdad de façon à éviter par un long détour la contrée turbulente de l'Irak-Arabi, l'autre dirigée sur Tiflis et se rattachant vers Tebriz à l'empire de Russie. Ce fut seulement au mois d'avril 1865 que ces divers travaux furent complétés, et qu'il y eut une communication télégraphique continue entre l'Europe et l'Inde britannique. Certaines dépêches importantes qui franchirent en quelques heures l'immense distance de Calcutta à Londres produisirent un grand effet en Angleterre ; mais le commerce anglais n'y trouva pas la célérité qu'il attendait de ce mode de correspondance. On verra plus loin quelles causes entravent sur cette voie la rapide expédition des télégrammes. Nul document officiel n'a fait connaître avec exactitude la dépense totale de cette vaste entreprise. On estime qu'elle a dû s'élever à 8 ou 10 millions de francs.

II

Ce fut en 1856, au début même de la télégraphie océanique, que de hardis ingénieurs proposèrent d'unir l'Europe à l'Amérique au moyen d'un câble sous-marin[2]. Bien que l'essai fût alors prématuré, car l'industrie des câbles était encore dans l'enfance, le public l'encouragea de ses sympathies, et fournit sans beaucoup d'hésitation le capital de 12 millions qui lui était demandé. L'histoire de cette tentative a déjà été racontée tout au long ; après deux ou trois échecs successifs, la compagnie du télégraphe atlantique réussit, en août 1858, à immerger un fil conducteur entre la côte d'Irlande et celle de Terre-Neuve. Des dépêches furent échangées entre les deux continents pendant vingt et quelques jours ; mais après ce court triomphe le câble transatlantique devint muet. On apprit qu'il était rompu au plus profond de l'océan et qu'il n'y avait pas espoir qu'il pût être réparé. Lorsque les hommes spéciaux connurent plus tard toutes les circonstances de l'opération, ils ne s'étonnèrent pas que la correspondance entre les deux bords de l'Atlantique eût été si brusquement interrompue. Comme en tous les autres projets de même nature qui n'eurent pas jusqu'en 1860 de meilleur résultat, il était

---

[2] Voir Deuxième partie : *La télégraphie électrique entre les deux mondes*.

possible de montrer du doigt en quoi l'on avait péché et quelles fautes il fallait éviter à l'avenir. Pour le public, ce fut une condamnation momentanée des entreprises de télégraphie océanique ; pour les ingénieurs, ce ne fut qu'une leçon dont ils résolurent de profiter. Après plusieurs années d'efforts infructueux pour rendre aux capitalistes la confiance dont ils étaient eux-mêmes animés, les promoteurs du télégraphe transatlantique réussirent enfin, dans les derniers mois de 1863, à réunir la somme de 12 ou 15 millions qui leur était nécessaire pour recommencer. Avec une persévérance méritoire, ils avaient frappé à toutes les portes et quêté dans toutes les bourses en faveur de leur œuvre. Près du gouvernement anglais, ils faisaient valoir l'immense intérêt politique de mettre à portée de la voix les troupes et les escadres qui défendent l'Amérique britannique ; on leur promit une garantie de recettes de 500000 fr. par an. Chez les gros négociants, chez les armateurs dont les navires traversent sans cesse l'Atlantique, ils montrèrent de quelle utilité serait un câble pour la prompte expédition des affaires et la sécurité des transactions. Partout, dans toutes les villes et toutes les classes de la société, ils s'adressèrent à l'orgueil national en exposant le mérite qu'il y aurait à réussir dans une si noble entreprise. La nouvelle compagnie émettait des actions de 5 livres sterling afin d'être à la portée de toutes les fortunes. On doit convenir que ceux qui avaient confiance dans le succès de l'œuvre s'engageaient là dans une bonne affaire. Les actions du nouveau capital devaient porter intérêt à 8 pour 100 par prélèvement privilégié sur les produits futurs du câble ; l'ancien capital, dont la valeur totale était anéantie, ne portait intérêt qu'à 4 pour 100 ; on présumait toutefois que le revenu net ne serait pas inférieur à 10 millions de francs par an, en sorte qu'il devait y avoir un dividende supplémentaire de 10 pour 100 et en outre un fonds de réserve assez considérable pour reconstituer le capital lui-même en deux années d'exploitation. Si belles que fussent ces promesses, on verra plus loin qu'elles étaient encore au-dessous de la réalité ; mais il fallait réussir, et pour les gens impartiaux il y avait en cette affaire des chances aléatoires vraiment formidables.

Il est nécessaire de suivre pas à pas toutes les phases de ce grand travail, si l'on veut apprécier avec sûreté la prudence et l'habileté des hommes qui le dirigeaient. Dès qu'ils eurent la certitude de n'être pas arrêtés par la question d'argent, ils firent appel à la publicité de la façon la plus large, invitant tous les ingénieurs ou fabricants de câbles à présenter des modèles de conducteur sous-marin. Ces modèles étaient soumis à un comité composé d'hommes distingués à la fois par leur réputation scientifique et par les études spéciales qu'ils avaient faites des matières en discussion. Les inventeurs ne sont pas moins nombreux en Angleterre qu'en France ; on peut même affirmer que toutes les inventions relatives à la télégraphie sous-marine que nous voyons se produire en notre pays depuis quelques années sont déjà connues et jugées de l'autre côté de la Manche. Ces conseillers de la compagnie évitèrent prudemment de s'aventurer dans une voie nouvelle, et ne donnèrent place aux innovations que dans les limites où la théorie ne s'écartait pas trop des anciens errements. Le type de câble adopté par eux fut, au diamètre près, le même que l'administration française avait approuvé en 1860 pour la création d'une ligne entre la France et l'Algérie. Le fil central ou conducteur électrique était formé de sept brins de cuivre tordus, d'un diamètre total de 3 millimètres et demi ; la substance isolante était d'une épaisseur double. C'est là ce qu'on appelle l'âme du câble, seule partie essentielle au point de vue électrique, et les dimensions en sont variables suivant la longueur de la ligne à établir et la rapidité de transmission que l'on désire obtenir. L'âme du futur câble transatlantique était enveloppée d'abord dans un bourrelet de jute, sorte de fibre textile dont on fait les grosses toiles d'emballage ; puis autour de ce matelas protecteur étaient enroulés dix fils de fer destinés à donner de la force à l'ensemble. Afin d'alléger la masse, ces fils de fer étaient garnis au préalable de chanvre de Manille goudronné. Le tout offrait un diamètre de 27 millimètres environ, ce qui est un peu plus que la grosseur du pouce. Ce modèle était présenté par MM. Glass, Elliot et C°, qui sont à la tête de la plus importante fabrique de câbles sous-marins qui existe en Angleterre. Le comité scientifique de la compagnie, loin de se borner à faire choix d'un bon câble, posait en outre les principes qui devaient présider à la fabrication, désignait les épreuves et les moyens de contrôle qu'il devait subir, recommandait en un mot que rien ne fût négligé de tous les essais et expériences propres à garantir une exécution irréprochable. Pour mener à bien une entreprise de cette nature, il ne suffit pas en effet d'avoir une idée sage au début, il est important surtout de surveiller avec un soin scrupuleux les matières employées et là façon dont elles sont mises en œuvre.

La fabrication de ce cordage gigantesque, — il avait 4300 kilomètres de long, — prit une année entière. Commencée le 18 avril 1864, elle ne fut terminée que le 29 mai 1865. Pendant ce temps, les ingénieurs de la compagnie s'occupaient des moyens de transporter le câble et du tracé le plus convenable à lui faire suivre au fond de la mer. C'est entre l'Irlande et Terre-Neuve qu'ils songeaient à l'immerger. L'Atlantique a sous cette latitude un peu plus de 3000 kilomètres de large et une profondeur à peu près constante de 4 à 5000 mètres. Du reste, pas d'île intermédiaire, pas même de montagnes sous-marines ; rien qu'un immense gouffre dont il est déjà difficile de tâter le fond. L'atterrissement sur les deux rivages opposés fut étudié avec plus de soin qu'on ne l'avait fait avant l'expédition de 1858. On s'efforça surtout de chercher une plage où la descente, depuis le rivage jusqu'aux plus grandes profondeurs, fût bien uniforme, sans accores ni rochers aigus. En effet, les rochers risquent d'user en peu de temps l'enveloppe protectrice du câble, et d'autre part, lorsqu'il reste suspendu entre deux montagnes escarpées, il est à craindre qu'il ne se rompe par le milieu. Le point de départ fut enfin fixé à Valentia et celui d'arrivée à *Heart's Content*, dans la baie de la Trinité. Quant au transport, il suffira, pour en faire comprendre les difficultés, de dire, que ce câble formait une masse indivisible de 4500 tonneaux, à laquelle venait s'ajouter l'approvisionnement de charbon et tout ce qu'il faut embarquer pour une campagne de quinze jours au moins. Lors de l'expédition de 1858, le chargement avait été réparti entre deux navires de guerre du plus fort tonnage, qui s'étaient séparés au milieu de l'Océan, chacun dévidant de son côté ce qu'il avait emporté ; mais cette façon de procéder avait donné lieu à des critiques judicieuses. Un seul navire au monde était capable de recevoir un pareil volume : c'était le navire géant, l'œuvre malheureuse de Brunnel, le *Great-Eastern* qui se reposait dans la Tamise après deux pu trois voyages au-delà de l'Atlantique. Ce colossal *steamer* fut donc approprié à sa nouvelle destination. On y disposa trois grandes cuves en tôle susceptibles de loger le câble tout entier et de le conserver immergé dans l'eau pendant toute la durée de la traversée, La machinerie d'émission, composée de freins et de rouleaux, fut installée sur le pont. L'équipage fut recruté avec les plus grands soins. L'un des meilleurs capitaines de la compagnie des paquebots Cunard en reçut le commandement. Tout compris, électriciens, ingénieurs, manœuvres et matelots, il y avait cinq cents hommes à bord. Les journaux les plus accrédités de la Grande-Bretagne y avaient même leurs représentants. L'Angleterre entière manifestait le plus vif intérêt pour cette patriotique entreprise.

Quel fut le résultat de cette expédition accompagnée de tant de vœux et de souhaits ? Personne ne l'ignore, car l'an dernier les journaux en ont fidèlement reproduit les bulletins quotidiens. Dès les premiers jours de juillet, le *Great-Eastern* quittait la Tamise pour se rendre sur la côte d'Irlande, escorté par deux bâtiments de la marine royale, le *Terrible* et le

Sphinx, La grosse portion, que l'on appelle *shore-end*, fut immergée sans embarras entre le rivage et les fonds de 200 mètres ; puis le bout en fut soudé au câble des grandes profondeurs, et le navire géant se mit en route avec une vitesse de cinq à six nœuds. Pendant la nuit, lorsqu'on n'était encore qu'à 84 milles de la terre, les électriciens s'aperçurent qu'un défaut était survenu dans l'isolement du conducteur, et que ce défaut était assez grave pour qu'il fût imprudent de continuer l'opération avant de l'avoir réparé. On se décida donc à relever la partie immergée jusqu'à la rencontre de l'endroit défectueux qui était présumé distant de 10 milles. Après une journée entière accordée à cette pénible et dangereuse opération, on découvrit enfin un fragment de fil de fer, taillé en pointe, qui avait traversé l'enveloppe protectrice et pénétré la gutta-percha. Cette légère blessure, si insignifiante qu'elle paraisse, eût cependant suffi pour perdre le câble entier. La réparation fut bientôt faite, et la marche en avant fut reprise. Cinq jours durant, il ne survient rien d'extraordinaire ; le précieux cordage se déroule paisiblement à l'arrière du navire. On se félicite déjà d'avoir si bien réussi ; on admire la façon dont le câble se comporte à la mer et la facilité avec laquelle s'effectue l'immersion ; mais une seconde interruption se produit tout à coup. Le câble est relevé de nouveau jusqu'à la rencontre de l'endroit endommagé ; c'était encore un bout de fil pointu introduit dans l'enveloppe. Ceci réparé, la marche reprend, et deux jours se passent sans encombre. Le 2 août survient une troisième interruption ; et tandis que l'on repêche le câble afin d'y remédier, les freins se déplacent, la machine à vapeur stoppe par accident, le câble se rompt tout à coup à l'arrière, et l'extrémité disparaît dans l'Océan. Le *Great-Eastern* avait alors accompli les deux tiers de son voyage, il se trouvait à 1062 milles de Valentia et à 601 milles de Heart's Content. Tant que le câble avait été en bon état, des correspondances s'échangeaient à chaque instant entre la côte d'Irlande et les voyageurs. Chacun était au courant des péripéties et des progrès de l'opération. Après l'accident, on fut quinze ou vingt jours sans entendre parler du navire. Le bruit courut même qu'il s'était perdu corps et biens. Lorsqu'il reparut enfin sur la côte d'Angleterre, on apprit ce qu'il avait fait pendant cette période de temps. Aussitôt après la rupture survenue en pleine mer, l'ingénieur qui dirigeait l'immersion, M. Canning, résolut de draguer le fond afin d'accrocher le câble et de l'amener à la surface. On se figure sans peine combien cette tentative était incertaine, puisque l'Océan avait à coup sûr plus de 4000 mètres de profondeur, et qu'il n'y avait pas d'exemple qu'on eût jamais accompli avec succès une opération analogue. Cependant un grappin en fer, attaché à une longue chaîne, fut jeté à l'eau, et le bâtiment se mit à courir de petites bordées sur la ligne présumée du câble englouti. Trois fois le grappin raccrocha le câble, mais trois fois aussi, tandis qu'on le hissait à la surface, la corde fut rompue par la tension considérable qu'elle éprouvait. M. Canning acquit la certitude que l'opération ne réussirait qu'avec un outillage mieux disposé, qu'il était impossible d'improviser à bord du *Great-Eastern*. Les trois bâtiments de l'expédition se séparèrent et revinrent en Angleterre.

Telle fut pour l'année 1865 l'issue de cette grande entreprise : 1200 milles de câble, une valeur de 8 millions de francs, étaient abandonnés sur le sol de l'Océan ; mais l'insuccès n'était que momentané, et les circonstances mêmes de cet échec prouvaient d'une manière évidente la possibilité de réussir. Les ingénieurs trouvaient que le câble ne laissait rien à désirer sous le rapport de l'isolement et de la solidité. La machinerie d'émission pour la mise à l'eau était jugée parfaite. L'appareil de relèvement exigeait seul de nouveaux perfectionnements. C'était enfin le sentiment unanime qu'aucun navire n'était mieux approprié que le *Great-Eastern* à un pareil travail. Très stable sur l'eau même par de gros temps, facile à gouverner, il avait, outre une énorme capacité, d'excellentes qualités qu'on eût vainement cherchées ailleurs. Tandis que le vulgaire, auquel le résultat importe seul, désespérait du succès, les initiés n'avaient jamais eu plus de motifs de poursuivre leurs premiers projets. Quelques-uns des assistants paraissaient même persuadés que les déplorables accidents survenus pendant la mise à l'eau étaient dues, non à des causes fortuites, mais à la malveillance. On répugnait à croire que les petits bouts de fil de fer trouvés dans l'enveloppe du câble y fussent entrés par hasard, et l'on accusait l'un des manœuvres de les y avoir enfoncés à dessein. Ces soupçons ne reposaient au reste sur aucune base certaine ;

mais l'événement leur donnait une apparence de probabilité.

Après cette catastrophe, on ne fut pas longtemps à savoir ce que prétendait faire la compagnie du télégraphe transatlantique. Son conseil d'administration se réunit aussitôt et fit connaître qu'il était parfaitement résolu à terminer la communication entre les deux continents. La saison était trop avancée pour rien entreprendre avant la fin de l'année ; mais on annonçait l'intention de faire fabriquer un nouveau câble du même modèle pendant l'hiver, de le poser au printemps de 1866 et en outre de reprendre au fond de la mer le câble rompu, qui serait prolongé jusqu'à Terre-Neuve. Cette dernière opération était peut-être plus aléatoire encore que l'immersion d'un nouveau conducteur, car tout le monde avait peine à croire que l'on pût retrouver un si frêle objet perdu dans l'immensité de l'océan. Cependant les officiers de marine se faisaient forts de revenir, au moyen d'observations astronomiques, sur la route précise que le *Great-Eastern* avait parcourue au mois de juillet. C'étaient donc deux câbles et non plus un seul dont il était question pour 1866. Il fallait une nouvelle somme de 15 millions. La compagnie avait épuisé son capital ; la loi ne lui permettait ni de l'augmenter, ni même de se créer des ressources au moyen d'un emprunt. Aussitôt une autre société fut greffée sur l'ancienne, sous le nom de *compagnie du télégraphe anglo-américain* avec un fonds social de 600000 livres sterling, divisé en 60000 actions. Dès les premiers jours, avant qu'aucun appel eût été fait à la publicité, près de la moitié de la somme était souscrite. Ces nouvelles actions devaient recevoir, par antériorité sur les précédentes, un revenu de 25 pour 100 par an, sans compter moitié dans les bénéfices après que l'intérêt des autres actions aurait été servi. En s'appuyant sur les résultats de vitesse de transmission obtenue pendant la mise à l'eau du câble pour les dépêches échangées entre la terre et le navire, on estimait que le capital de cette seconde compagnie recevrait un revenu de 50 pour 100, au moins, au cas où un seul câble réussirait, et de 95 pour 100 si les deux conducteurs projetés étaient mis en état de servir à la correspondance. Malgré ce lourd sacrifice en faveur des nouveaux souscripteurs, on ne se croyait pas moins certain de dédommager les anciens des pertes énormes qu'ils avaient éprouvées jusqu'alors. A dire vrai, je trouve que, s'il fut jamais permis de taxer de folie et d'imprudence ceux qui risquèrent des sommes importantes en une pareille spéculation, c'est tout à fait au début que le reproche pouvait leur en être fait. A mesure que l'affaire avançait, il y avait des motifs de ressentir plus de confiance et de montrer plus de hardiesse. La veine avait été contraire, mais le jeu s'améliorait ; ce qui vaut mieux encore, les joueurs avaient acquis de l'expérience.

Le second câble dont il avait été question fut en effet fabriqué pendant l'hiver qui vient de s'écouler. Au printemps, il était enroulé dans les immenses cuves du *Great-Eastern*, et ce bâtiment partait le jeudi 12 juillet du havre de Berehaven, où il avait complété son approvisionnement de charbon et embarqué des vivres pour une campagne de quelques semaines. On savait que le câble de 1865 paraissait, d'après les essais faits à Valentia pendant tout l'hiver avec beaucoup de régularité, s'être conservé intact depuis le malheureux jour où il s'était perdu en plein océan. Déjà aussi le *shore-end* du nouveau câble avait été immergé jusqu'à 50 kilomètres de la côte par le *William-Cory*, un bateau à vapeur bien connu par les nombreuses opérations télégraphiques auxquelles il a contribué. Une bouée mouillée à l'extrémité de ce *shore-end* indiquait l'endroit précis où l'œuvre du *Great-Eastern* devait commencer. L'escadre d'opération se composait, outre le *Great-Eastern*, d'un navire de guerre à vapeur, le *Terrible*, et de deux autres steamers à hélice, l'*Albany* et le *Medway*, chacun de 1800 tonneaux : Ces deux derniers avaient reçu les appareils nécessaires pour concourir au relèvement de l'ancien câble. Pendant la traversée, le *Terrible* avait ordre de se tenir en avant pour guider la marche et écarter au besoin les navires qui couperaient la route du principal bâtiment l'*Albany* et le *Medway* devaient se tenir l'un à bâbord, l'autre à tribord, tous deux à courte distance, prêts à mouiller des bouées ou à obéir sans retard au premier signal du chef de l'expédition. La vitesse de marche ne devait jamais dépasser six nœuds. Chaque commandant était informé du point exact où le câble devait croiser les degrés de longitude, en sorte qu'on avait de nombreux points de repère pour se retrouver, si l'on était séparé par un gros temps, par le brouillard ou par une avarie. Toutes ces mesures et bien d'autres encore avaient été concertées à l'avance. Le programme dès opérations était fixé très minutieusement et, ce qui est extraordinaire, on s'en écarta très peu.

Le 13 juillet, à trois heures et demie du soir, la soudure ayant été faite entre le *shore-end* et le câble transatlantique, le *Great-Eastern* se mit en mouvement, salué par les hourrahs des équipages et les coups de canon des bâtimens convoyeurs. La route suivie se tenait à 50 kilomètres environ au sud de celle que l'on avait parcourue l'année précédente. La mer était calme, le temps beau. Le câble se soulevait sans embarras du puits où il était enroulé ; guidé par des poulies, retenu par des freins, il glissait sans secousse hors du navire et descendait avec une paisible lenteur au fond de l'Océan. Des signaux télégraphiques étaient échangés sans cesse, au moyen du câble lui-même entre la station terrestre de Valentia et les électriciens embarqués. On leur donnait l'heure de Greenwich, qui était communiquée immédiatement par des signaux de pavillon, aux autres bâtiments de l'escadre, afin que chacun pût rectifier sa longitude. On transmettait aussi par le câble les vœux que les amis restés à terre formaient pour la réussite de l'entreprise, les nouvelles les plus récentes du théâtre de la guerre, le cours à la bourse de Londres des actions des compagnies intéressées à l'opération. Un journal lithographie, le *Great-Eastern telegraph*, était distribué deux fois par jour aux passagers et à tous les gens de l'équipage. Tout alla bien jusqu'au 18 juillet ; ce jour-là, à cinq heures et demie du soir, la sonnerie d'alarme se fit tout à coup entendre. A ce signal, le sifflet à vapeur transmit au mécanicien l'ordre d'arrêter ; le navire stoppa sans le moindre retard, et chacun courut à son poste pour savoir quel accident venait d'arriver. Ce n'était qu'une fausse alerte, bonne seulement à montrer que tout était prêt et que chacun était instruit de son devoir en cas d'accident. Le même soir, on eut un moment de crainte. Plusieurs spires du câble s'étaient embrouillées au fond du puits. Il fallut encore arrêter le navire, suspendre l'opération, mouiller par précaution une bouée sur le câble pendu à l'arrière et remettre les spires en ordre par une pluie abondante et un vent violent. La grande difficulté en pareille circonstance était de maintenir le bâtiment par l'action combinée des roues, de l'hélice et du gouvernail, bien juste au même point, malgré le vent et les courants qui tendaient à le faire dériver. L'habileté du capitaine et des ingénieurs triompha de ces difficultés ; en moins de deux heures, tout fut remis en bon ordre.

Le 19, la brise ayant fraîchi, le navire se mit à rouler considérablement, ce qui gênait beaucoup l'émission du câble ; aussi l'on tint à l'arrière deux grosses bouées prêtes à être accrochées en cas d'accident. Le *Terrible* était perdu dans le brouillard ; l'*Albany* et le *Medway* conservaient leur distance, mais en fatiguant beaucoup. On ralentit un peu la vitesse de marche afin de rendre l'opération moins périlleuse. Malgré ces alternatives de mauvais temps, le *coulage*, c'est-à-dire la longueur du câble dépensée en excès sur l'espace parcouru ne dépassait pas 15 ou 18 pour 100. En même temps que l'immersion avançait, la correspondance avec le poste de Valentia devenait plus facile et plus régulière. L'isolement du conducteur sous-marin s'améliorait, comme on le constate en toute opération analogue, à mesure qu'une plus grande longueur de fil se trouvait soumise à la température froide et à l'énorme pression des eaux profondes. Au départ, on ne passait dans le câble qu'un mot et demi par minute ; arrivés au milieu du parcours, les électriciens en pouvaient recevoir quatre ou cinq, et annonçaient que le travail utile du fil isolé augmenterait encore. Le 23, comme on n'était plus qu'à 7 ou 800 kilomètres de Terre-Neuve, l'un des principaux organisateurs de l'entreprise, M. Cyrus Field, qui était à bord, pria ses amis d'Angleterre de lui transmettre les nouvelles d'Europe les plus intéressantes, afin qu'elles fussent communiquées sans retard à toutes les principales villes des États-Unis aussitôt que l'on arriverait sur la côte d'Amérique. Cependant, à mesure que l'on approchait de Terre-Neuve, le temps devenait pluvieux et brumeux. Un brouillard épais interceptait toute communication visuelle entre les navires de l'escadre, qui ne correspondaient plus entre eux que par la sifflet à vapeur. On arrivait au-dessus des bas-fonds du banc de Terre-Neuve, et la profondeur de l'eau, qui avait dépassé 4 kilomètres les jours précédents, n'était plus le 26 juillet que de 5 à 600 mètres. Avant de partir d'Angleterre, il avait été

convenu avec l'amirauté que l'amiral Hope, commandant la station de l'Amérique du Nord, enverrait un de ses bâtiments au-devant de l'expédition pour lui jalonner l'entrée de la baie où on avait l'intention d'atterrir. L'*Albany* partit en avant pour chercher ce bâtiment et reconnaître la côte. Enfin le 27 on arrivait en vue de la terre. A neuf heures du matin, le *Great-Eastern* mouillait au milieu de la baie de la Trinité. Il ne restait plus qu'à souder au câble transatlantique le *shore-end* préparé pour l'atterrissement. L'opération était terminée ; une communication prompte et directe était établie entre les deux mondes. Comme première nouvelle, les habitants de Terre-Neuve apprenaient qu'un armistice avait été signé trois jours auparavant entre la Prusse et l'Autriche.
— Vit-on jamais phénomène plus merveilleux ? Confondre l'espace, annuler le temps, devancer le soleil dans sa course autour de la terre, réunir deux peuples que séparait un immense obstacle ! On s'étonne que le fluide électrique, si capricieux, si bizarre en ses effets, si mobile, qu'on l'eût pu prendre à plus juste titre que l'onde pour symbole de la mobilité, on s'étonne que ce fluide soit si docile cette fois, et qu'il aille jusqu'au bout de la voie qu'on lui a

préparée. Bien plus, il revient sur lui-même et rapporte la réponse. L'électricité, trop prônée aux dépens des puissances sœurs, la chaleur et la lumière, a souvent déçu l'espoir des inventeurs ; mais ici, tenant tout ce qu'elle avait promis, elle exécute sans peine ce que nulle autre force terrestre n'eût été capable d'accomplir.

L'île de Terre-Neuve, où aboutit, on vient de le voir, l'extrémité du câble transatlantique, est depuis longtemps en possession d'une correspondance télégraphique avec le continent américain au moyen d'un câble immergé en 1856 dans les eaux peu profondes du golfe Saint-Laurent. Par malheur ce câble avait été rompu l'année précédente et n'était pas encore réparé. En Amérique, toutes les lignes télégraphiques sont propriété privée. La compagnie à laquelle appartiennent les télégraphes de Terre-Neuve (*New-York, Newfoundland and London telegraph company*) se proposait non-seulement de réparer ce conducteur unique, ce qu'elle a déjà fait, mais encore d'en poser deux autres, afin d'assurer à la ligne transatlantique un débouché certain et suffisant. C'est ici le lieu d'observer que cette compagnie posséder — on ne sait pour quel motif, — le droit exclusif pour 50 ans, à partir de 1854, d'atterrir des câbles sous-marins sur les côtes du Labrador, de Terre-Neuve et de l'île du Prince-Edouard, et pour 25 ans sur les côtes de l'état du Maine. En toute cette région du globe, il ne reste plus que les petites îles françaises de Saint-Pierre et de Miquelon où de nouvelles compagnies puissent se rattacher. Espérons que celles-là du moins ne deviendront pas l'objet d'un privilège. Pour la télégraphie de même que pour toute autre industrie, l'expérience a prouvé d'une façon péremptoire que les monopoles sont inutiles et nuisibles même à ceux en faveur de qui ils sont constitués.

Les opérations du *Great-Eastern* dans la campagne de 1866 ne devaient pas se borner à la pose d'un câble entre l'Europe et l'Amérique ; il était aussi dans les intentions de la compagnie transatlantique, on s'en souvient, d'essayer de reprendre au fond de la mer le câble perdu pendant la campagne précédente. Ayant renouvelé ses approvisionnements de charbon et de vivres, le navire géant se rendit donc vers le lieu présumé de l'accident. Après vingt jours de pénibles et fastidieuses recherches, il réussit enfin dans son entreprise : le câble de 1866 a été repêché à 1,300 kilomètres de Terre-Neuve et complété jusqu'à la côte d'Amérique. Un second fil de communication est tendu entre les deux continents.

Lorsqu'on considère en leur ensemble et dans leurs plus minutieux détails les deux opérations de télégraphie océanique que les Anglais viennent d'accomplir sur la route de l'Inde et sur celle de l'Amérique, on ne peut se défendre d'un sentiment d'admiration. On reconnaît volontiers que des hommes qui ont mis au service d'une grande idée tant de science et d'énergie ont bien mérité de leurs concitoyens et rendu un signalé service au monde civilisé. Qu'on n'aille pas, pour amoindrir leurs titres à notre reconnaissance, prétendre qu'ils ont été favorisés par un hasard heureux. Après avoir suivi pendant bien des années avec une vive sollicitude leurs essais, leurs travaux et leurs premiers échecs, nous osons dire que, si cette fois ils n'avaient pas la certitude de réussir, ils avaient fait du moins tout ce qu'il était humainement possible de faire pour assurer le succès. Il n'est pas de plus bel éloge. Nous dirons encore qu'en écrivant l'histoire de la télégraphie océanique, on remarque une faute ou une négligence à côté de chaque désastre, quelquefois l'oubli des principes les plus élémentaires de la science, et que dans les deux entreprises dont il vient d'être question tout avait été prévu et préparé avec des soins infinis et une habileté incontestable. Mais ce n'est pas assez de considérer à un point de vue technique les travaux des ingénieurs télégraphistes. Toute œuvre de cette nature est aussi un instrument à l'usage du public et une entreprise financière. Que peuvent produire les câbles sous-marins, que deviendront-ils entre les mains de leurs heureux propriétaires ? C'est ce qu'il reste à examiner.

III

Le caractère essentiel des correspondances télégraphiques est la rapidité. Nous sommes si bien habitués à l'idée qu'un télégramme Partant de Paris à destination d'un point quelconque de la France, si lointain qu'il soit, doit arriver en deux ou trois heures au plus, que nous nous figurerions volontiers qu'il en est de même à peu de chose près pour les contrées plus éloignées. Loin de là ; pour les grandes distances, ce n'est plus par heures, mais par jours que se compte la durée de la transmission. Ces retards, quelquefois inévitables, plus souvent imputables à une mauvaise organisation, ont contribué peut-être autant que les ruptures de câbles à enlever au public la confiance que mériterait cependant la télégraphie océanique. Voyons par exemple ce qui se passe sur la ligne de l'Inde, objet de tant de dépenses et de soucis pour le gouvernement anglais. Des statistiques exactes évaluent à plus de 2 milliards et demi de francs, importations et exportations, la valeur des échanges opérés entre les ports de la Grande-Bretagne et les contrées de l'Orient, Égypte, Inde, Chine, Australie et Japon. C'est plus que le quart du commerce britannique. On ne saurait payer trop cher l'établissement de communications rapides et régulières avec ces mêmes contrées. Le commerce n'y est pas d'ailleurs seul intéressé. Les affaires politiques, les événements militaires se simplifient dès que les colonies sont en correspondance facile avec la mère-patrie. Qu'arrive-t il sur cette ligne télégraphique de l'Inde, d'une si grande importance, établie au prix de si coûteux efforts ? Le *Times* of India, journal de Bombay, annonçait le 8 juin dernier que les nouvelles les plus récentes reçues d'Angleterre avaient six jours de date. Dans le mois de mai, les messages étaient restés quelquefois un mois en route ; les plus rapides étaient arrivés en deux jours. S'en étonnera-t-on lorsqu'on aura suivi la marche d'une de ces dépêches et constaté le grand nombre d'arrêts qu'elle doit subir ? Entre Londres et Bombay, un télégramme peut prendre la voie russe ou la voie de Constantinople. Par la première voie, la compagnie anglaise, qui l'a reçue des mains de l'expéditeur, la transmet à Berlin par la Hollande elle entre en Russie, traverse tout l'empire russe jusqu'à Tiflis, passe en Perse et aboutit enfin à Bushir station de la ligne sous-marine ; là elle est reprise par les Anglais qui la donnent à Kurrachee, et ce dernier bureau lui fait suivre le réseau indien jusqu'à Bombay.

Par Constantinople, c'est encore plus compliqué. Sans parler des petits états intermédiaires, on peut passer par Bruxelles et Vienne, traverser la Servie et la Valachie pour arriver sur le territoire ottoman, ou bien passer par Paris et Turin, parcourir l'Italie, franchir l'Adriatique par un câble sous-marin, entre Otrante et Vallona, et parvenir à Constantinople par Salonique. De Constantinople au golfe Persique, il n'y a qu'une voie, c'est la ligne établie en Asie-Mineure par Diarbekir et Bagdad ; mais, avant d'en arriver là, le télégramme peut avoir été successivement confié à quatre ou cinq administrations différentes. Dans la plupart des états européens, on a organisé des services rapides et réguliers ; en Turquie il n'en est pas de même. L'indolence nationale n'a pas été vaincue par l'électricité. « Il arrive, écrivait le chef du bureau britannique de Fao, que les employés de Bagdad nous annoncent qu'ils ont 70 ou 80 dépêches en dépôt ; ils nous en transmettent 12 à 15, puis ils se mettent à fumer ou à dire leurs prières. Pendant trois heures, nous n'entendons plus parler d'eux. » Ajoutons à cela que la ligne russo-persane, qui suppléerait souvent à l'insuffisance des correspondants turcs, est interrompue une partie de l'hiver par les neiges, et que le réseau indien, à l'est de Kurrachee, n'est pas plus satisfaisant que le réseau ottoman, à tel point qu'il faut quelquefois 56 heures pour passer une dépêche de Kurrachee à Bombay, et 133 heures de Kurrachee à Calcutta.

La malle de l'Inde, qui part une fois par semaine, n'emploie plus que 24 jours à franchir l'immense distance de Londres à Bombay. Si le télégraphe ne garantit pas que les correspondances qu'on lui confie arriveront beaucoup plus tôt que la malle, il est sans contredit trop imparfait et donne raison aux plaintes qu'on lui a adressées. Voilà un admirable instrument dont le bénéfice est perdu par des causes, il est vrai, qui défient l'habileté des ingénieurs. Ces retards regrettables ont porté atteinte aussi aux intérêts pécuniaires engagés dans l'établissement de la ligne de l'Inde. Pendant les quatre premiers mois de la présente année, le câble du golfe Persique a donné passage à 10995 messages, qui ont produit une recette brute d'environ 864000 francs. Le nombre en eût sans doute été bien plus considérable, si le télégraphe avait été capable en cette direction de rendre des services plus rapides. Qu'on compare ce produit à celui du câble de Malte à Alexandrie, qui relie des contrées moins importantes, mais qui ne subit qu'à un moindre degré les mêmes causes de retard. Il y passe 3 ou 4000 dépêches par mois, bien que l'Égypte n'ait après tout qu'une importance commerciale assez limitée.

Si subtil que soit le fluide électrique, l'application qu'on en a faite aux très grandes distances est encore entravée, on le voit, par des difficultés qui tiennent plutôt à la manière dont on l'a employé qu'aux principes de la science. Comme on devait s'y attendre, la perfection de l'industrie télégraphique est chez chaque peuple proportionnée à sa civilisation ; mais au fond la longueur des parcours, qu'ils soient terrestres ou maritimes, sera toujours une entrave. Aussi n'accorderons-nous qu'une attention bien secondaire à une œuvre de même nature qui se poursuit aujourd'hui, à travers mille obstacles, dans les régions froides du détroit de Behring. Depuis longtemps, le gouvernement russe a entrepris d'exécuter une ligne télégraphique à travers les steppes glacés de la Sibérie. Le fil s'étend entre Pétersbourg et Kiachta, petite ville sur les frontières de la Chine ; on se préoccupe, dit-on, de le prolonger au sud jusqu'au golfe de Petcheli, ce qui mettrait Pékin en correspondance avec l'Europe. Vers l'est, la ligne atteindra Nicolavefsk, port militaire d'une grande importance à l'embouchure de l'Amour. Tels sont les projets du gouvernement russe ; mais une compagnie américaine est venue lui proposer de donner à cette ligne une extension bien autrement considérable. Il ne s'agit de rien moins que de relier. Nicolavefsk à San-Francisco, en Californie, en passant par le nord. A partir de l'embouchure de l'Amour, on se dirigerait vers la baie de Penjinsk, soit en contournant par terre la mer d'Okhotsk, soit en la traversant par un câble sous-marin. De cette baie au golfe d'Anadyr, le parcours serait terrestre, et ce sera là sans doute l'une des portions les plus pénibles à établir. Au-delà, la ligne redevient sous-marine, en touchant les îles de Nounivak et de Saint-Mathieu, pour accoster l'Amérique au fond du golfe de Norton. La distance maritime serait plus faible en remontant davantage vers le nord ; mais la rigueur du climat est telle que le travail n'y serait praticable que pendant trois mois de l'année. Une fois sur le continent américain, on redescend au sud sans beaucoup s'écarter de la côte ; on touche à Sitka, capitale de l'Amérique russe, à New-Westminster, sur les bords de la rivière Fraser, et l'on aboutit enfin à Victoria, dans la Colombie anglaise. Cette dernière ville est déjà reliée à San-Francisco, et par conséquent à toutes les villes des États-Unis jusqu'à la côte de l'Atlantique.

Ce projet, peut-être trop grandiose, est passé depuis deux ans à la période d'exécution. Les chefs de l'entreprise ont mené quelques centaines d'ouvriers sur les côtes désertes de l'Amérique anglaise, au nord de l'île de Vancouver. Ils n'y ont rencontré que des petits forts et des stations de commerce appartenant à la compagnie de la baie d'Hudson ; vivres et matériel, ils ont tout à apporter du dehors et tout à transporter avec leurs seules ressources. En même temps qu'une entreprise commerciale et patriotique, c'est aussi un voyage de découvertes à travers un pays inconnu. On crée des villes auxquelles on a la satisfaction de donner son nom ; on cherche des mines d'or qui seraient une précieuse découverte, à ce point de vue surtout qu'elles attireraient de nombreux aventuriers dont le concours ne pourrait être qu'utile. Les travaux avancent-ils vite ? Ne se heurtera-t-on pas à des obstacles insurmontables dans les régions plus septentrionales, où le froid est si rigoureux ?

Cette œuvre n'a pour nous qu'un intérêt lointain. Accordons-lui nos sympathies ; mais convenons aussi que, lorsqu'elle sera établie, les dépêches échangées entre New-York et Londres ou Paris auront plus tôt fait de traverser l'Atlantique, fût-ce même par bateau à vapeur, que de s'engager sur la ligne de l'Amérique russe et de la Sibérie. Il y a par cette route 20000 kilomètres au moins entre nous et l'autre bord de l'Atlantique. L'utilité la plus claire de ce projet sera sans doute de mettre la Chine et l'extrême Orient en relations plus faciles d'une part avec l'Amérique, de l'autre avec l'Europe.

Il faut donc en revenir aux câbles atlantiques, si l'on veut établir une communication vraiment utile entre l'ancien et le nouveau monde. Quant à l'importance de cette communication, un seul chiffre en donnera la mesure. On a compté qu'il y a chaque année 1196 bateaux à vapeur qui traversent l'Atlantique entre l'Europe et les États-Unis en service régulier, tant anglais qu'américains, français, hambourgeois ou brêmois, à quoi s'ajoutent les voyages accidentels qui forment un appoint considérable. Disons encore que, parmi les dix-sept entreprises de paquebots qui font le service d'Europe en Amérique, quelques-unes se proposent d'augmenter leur effectif de navires, et que de nouvelles compagnies sont en voie de création. Il est de toute évidence au reste que l'immense mouvement commercial qui règne sur cet océan ne fera que s'accroître. Le moment est venu d'examiner quels services peut rendre un câble sous-marin en de pareilles conditions.

C'est, on l'a dit plus haut, l'un des plus graves inconvénients des lignes télégraphiques sous-marines de n'avoir qu'une capacité de travail très réduite, ou, pour parler avec plus de précision de ne pouvoir donner passage aux signaux qu'avec lenteur. L'usage est d'évaluer cette capacité de travail d'après le nombre de mots qui peuvent être transmis pendant une minute. Il est entendu qu'il s'agit ici de mots anglais qui se composent en moyenne de cinq lettres chacun : les mots français sont plus longs. Or des électriciens dignes de confiance affirment que le câble transatlantique de 1866 fournit aisément six mots à la minute ils prétendent même doubler, tripler peut-être ce chiffre au moyen d'appareils spéciaux qui sont encore à l'épreuve. Que l'on ne compte, pour plus de certitude, que sur six mots, — ce qui est un chiffre bien élevé et peut-être contestable, — qu'on évalue en outre à 20 heures la durée quotidienne du travail utile, ce qui est beaucoup, même avec un service de jour et de nuit, et que l'on suppose enfin qu'il n'y ait qu'un quart des mots employés à des répétitions, demandes de renseignements et transmissions d'ordres, ce qui est inférieur à la proportion habituelle, on arrive à ce résultat, qu'il y a place tout au plus pour trois cents dépêches par jour. Avec deux câbles, on transmettra six cents dépêches. Il y a encore loin de là aux besoins réels du commerce intercontinental, qui en fournirait volontiers des milliers par jour. D'un autre côté, il est convenu que le télégraphe n'est utile qu'à la condition d'être expéditif. Il a donc fallu restreindre le nombre des dépêches à la capacité probable du câble. Le seul moyen d'y arriver était d'élever le tarif à un taux exorbitant. En conséquence, le prix d'une dépêche simple de vingt mots, n'excédant pas cent lettres, a été fixé à 500 francs. C'est ce tarif qui est actuellement en vigueur. On se rendra compte aisément que les recettes produites par un seul câble suffiraient presque à payer en une seule année l'énorme capital de 40 à 50 millions qui a été enfoui dans l'Atlantique, à diverses reprises, avant que l'on ne fût parvenu à poser avec succès les fils conducteurs actuels.

On se demande déjà si ces précieux fils auront bien une année de durée. Sans trop connaître les causes qui influent sur la conservation des câbles sous-marins, on se rappelle que tous les câbles immergés jusqu'à ce jour dans des eaux très profondes n'ont eu qu'une existence précaire, et ont succombé au moment où l'on s'y attendait le moins. Ces préjugés ne se sont-ils pas manifestés au sein même des sociétés savantes, à tel point qu'un membre de l'Académie des Sciences à engagé les astronomes à se hâter d'en faire usage pour déterminer avec exactitude la différence de longitude entre l'Irlande et Terre-Neuve. Il lui a été répondu, dit-on, et la réponse ne manquait pas de justesse, qu'il serait assez singulier d'offrir aux actionnaires une longitude en guise de dividende. Les câbles sous-marins sont des outils au service du public. Il serait assez naturel que les savants, de même que les autres clients, payassent l'usage qu'ils en feront.

D'ailleurs il est permis d'espérer que la communication intercontinentale ne sera plus interrompue qu'à de courts intervalles. Certes bien des causes concourent à la destruction des câbles. Tantôt ils périssent parce qu'ils sont restés en suspens d'un rocher à l'autre au fond de la mer, et que l'enveloppe protectrice de la portion ainsi suspendue se corrode peu à peu, devient trop faible, puis se brise. Quelquefois l'électricité atmosphérique, ayant pénétré dans le fil intérieur, l'a consumé ou mis à nu, ce qui n'arrive du reste que par la négligence de ceux à qui l'entretien en est confié. Des tremblements de terre peuvent disloquer la surface terrestre sur laquelle repose cet immense cordage. Le danger le plus grave toutefois provient de l'électricité même employée à produire les signaux. Le câble s'use, comme toute chose, par l'usage même que l'on en fait. Durera-t-il deux mois, un an, dix ans ? Nul ne saurait le prédire. Tout ce qu'on peut affirmer, c'est que jusqu'à ce jour aucun câble de longueur un peu considérable n'a pu être conservé pendant plus de deux ans en bon état. Rien ne prouve assurément qu'il en sera de même à l'avenir, car les échecs précédents ont porté leurs fruits. Ils ont montré aux hommes éclairés qui s'occupent de télégraphie sous-marine quelles précautions il importe de prendre et quels accidents il faut éviter.

C'est en prévision de ces fatales interruptions qui menacent tôt ou tard l'existence d'un câble sous-marin que des ingénieurs prudents émirent l'idée qu'il n'y avait d'avenir pour la télégraphie océanique qu'autant qu'elle ne franchirait que des mers à faible profondeur d'eau, et qu'elle ferait usage de câbles très volumineux el très résistants. C'est d'après ce principe que furent établies en 1861 la ligne de Malte à Alexandrie, qui ne rencontre pas de profondeur plus grande que 300 mètres sur un parcours de 2500 kilomètres, et en 1865 celle du golfe Persique, qui sur une longueur presque égale se trouve immergée par des fonds encore moindres. L'événement a justifié ce mode de raisonner. La correspondance a été interrompue bien des fois depuis cinq ans entre Malte et l'Égypte ; mais chaque accident a été réparé après un court délai. Les câbles du golfe Persique ont éprouvé aussi quelques avaries, et la communication a toujours été rétablie sans peine. D'autre part, il ne semble nullement démontré qu'une grande hauteur d'eau au-dessus du câble soit une garantie contre ces fâcheux hasards. Il y a donc à considérer en tout cas le plus ou moins de facilité que l'on éprouverait à retrouver dans l'immensité de l'Océan les deux bouts d'un câble brisé. La ligne transatlantique est à cet égard dans les conditions les plus défavorables. Il était même permis de croire, avant l'expédition dernière du *Great-Eastern*, qu'une pareille entreprise offrait des difficultés insurmontables. L'opération n'est pas impossible, puisqu'elle a déjà été effectuée ; du moins elle sera toujours très délicate et surtout très coûteuse.

Il n'est pas douteux que les succès obtenus depuis deux ans ne soient de nature à donner un nouvel essor aux entreprises de télégraphie océanique. Je voudrais, pour terminer, analyser la situation des questions techniques que cette industrie soulève et envisager ce qu'il y a de plus utile et de plus praticable dans les projets qui seront proposés. Les projets seront nombreux sans doute, en est-il beaucoup auxquels il soit opportun de donner suite en l'état actuel de la science ? C'est ce qu'il convient d'examiner. Au point de vue technique, il y a quatre problèmes à résoudre en matière de télégraphie océanique : d'abord isoler le fil conducteur afin que l'électricité ne se perde pas en route, en second lieu calculer l'épaisseur de ce fil et de l'enveloppe de gutta-percha de façon que le câble donne, une fois posé, une somme de travail suffisante, ensuite mettre à l'eau le câble fabriqué, et enfin en assurer la conservation pendant le plus de temps possible. La première question doit être considérée comme résolue depuis longtemps de la manière la plus satisfaisante. La fabrication a fait sous ce rapport des progrès énormes depuis une douzaine d'années. La seconde n'inquiète pas trop non plus les ingénieurs lorsqu'il ne s'agit que de franchir une distance d'un millier de kilomètres, et, s'il est vrai qu'on puisse arriver à faire rendre au câble transatlantique douze mots par minute, il n'y a plus en vérité à s'en préoccuper en aucun cas. Quant à la troisième question, on a vu par des exemples récents combien il est devenu facile de descendre un câble bien fabriqué jusqu'aux plus extrêmes profondeurs de l'Océan. En tout cela, la patience et l'énergie des compagnies anglaises ont su triompher. La quatrième question reste entière. Conserver les câbles en bon état, les réparer au besoin, voilà les problèmes qui méritent le plus de fixer l'attention. Sacrifier des millions pour établir une communication qui manquera peut-être au premier jour, n'est-ce pas inquiétant ?

Après cet exposé de la question scientifique, ce serait le moment de parler des projets souvent ingénieux qui ont été mis en avant, tant en France qu'en Angleterre, pour éluder les difficultés d'une entreprise de télégraphie sous-marine ; mais, à les prendre l'un après l'autre, il sera facile de s'assurer que les inventeurs ont toujours négligé l'un des aspects de la question. En général ils n'ont envisagé que les difficultés de l'immersion, parce que c'est à ce point que beaucoup d'opérations ont échoué. C'est le côté faible aux yeux du public qui ne considère que le résultat et apprend tout à coup que l'œuvre a périclité par un accident de mer. On a donc proposé des câbles d'un modèle spécial, en général très légers ; on a inventé des machines assez compliquées pour les mettre à l'eau. Il nous paraît certain que sur tous ces points les idées des ingénieurs spéciaux sont aujourd'hui fixées d'une façon très nette, et qu'il serait difficile de les en faire revenir. Le câble du golfe Persique et celui de l'Océan-Atlantique sont des modèles acceptés par tous les hommes qui ont le plus étudié la matière. C'est avec des types plus ou moins analogues que l'on a réussi, quand toutefois on a pu réussir, et toutes les tentatives faites avec d'autres moyens n'ont abouti qu'à des échecs. Persévérer dans la même voie, perfectionner peu à peu ce qu'il y a de défectueux, ne pas introduire brusquement des innovations radicales, tel est le moyen le plus sûr d'arriver à un résultat tout à fait satisfaisant.

Lorsqu'on étudie l'histoire des travaux d'utilité publique, on est frappé de l'analogie qu'il y a entre les progrès de deux arts qui luttent l'un et l'autre contre le même élément, tout en se proposant un but bien différent, à savoir la télégraphie océanique et la construction des ponts sur les grandes rivières. Au XVIe et au XVIIe siècle, on bâtissait au hasard, de même qu'il y a dix ans on immergeait des câbles sous-marins sans se douter à peine des conditions auxquelles ils doivent satisfaire. Jusqu'au siècle de Louis XIV, les ponts, à peine édifiés, étaient emportés par une crue ou une débâcle ; parfois même les désastres survenaient avant que les ouvriers eussent posé la dernière pierre. Combien de fois nos câbles se sont-ils rompus aussi tandis qu'on les lançait à l'eau ou peu de jours après qu'ils avaient été mis en place ! Ne peut-on comparer les échecs réitérés de la ligne télégraphique transatlantique avec les ruines du fameux pont de Moulins sur l'Allier, qui après s'être écroulé deux fois en 1684 et en 1689 avant même d'être achevé, a été repris en 1708 sans plus de succès, et enfin heureusement édifié en 1762 ? Les constructeurs des siècles passés étaient impuissants à descendre les fondations sous l'eau ; ils ne savaient calculer ni le débouché des fleuves ni la résistance des matériaux : leurs œuvres ne pouvaient être durables. Ce fut une des gloires des ingénieurs du XVIIIe siècle d'avoir su déterminer pour ce genre d'édifice les règles de l'art. Ce sera l'une des gloires des ingénieurs du XIXe siècle d'avoir conduit le fluide électrique à travers les océans en dépit des profondeurs qu'ils présentent et des tempêtes qui les bouleversent.

Voilà le point où l'on en est. On vient de voir les enseignements qui résultent de tentatives accomplies non sans succès depuis quinze années. Il sera plus aisé maintenant de raisonner sur ce que l'on peut faire et de discuter les lignes nouvelles dont il va être question. Il est clair en premier lieu que l'on peut entreprendre sans témérité, ou pour mieux dire avec certitude de réussite, toutes les lignes télégraphiques qui ne traversent que des eaux peu profondes, par exemple celles qui s'écartent peu des côtes. Vers l'Orient, les communications télégraphiques dont le besoin se fait le plus sentir satisfont à cette condition à peu d'exceptions près. Ainsi les Anglais manifestent le désir de se procurer une voie de correspondance avec l'Inde qui soit moins sujette à des retards que la ligne actuelle. Le tracé de cette nouvelle voie est même indiqué. Elle traverserait la France et l'Italie, et serait sous-marine entre la Sicile, Malte et Alexandrie, où il y a déjà des câbles qui seraient doublés pour plus de sécurité. D'Alexandrie, il serait aisé de rejoindre Diarbekir et la Mésopotamie par les côtes de la Palestine et de la Syrie, ou de rétablir l'ancienne ligne sous-marine de la Mer-Rouge et de l'Océan-Indien par Suakim, Aden et la côte méridionale de l'Arabie. On pourrait facilement, dans l'état de la science, éviter les mésaventures que rencontra en 1860 et 1861 une entreprise du même genre. Entre l'Angleterre et l'Inde anglaise, on n'aurait donc plus affaire qu'à deux nations étrangères, la France et l'Italie, chez lesquelles la transmission des dépêches à grande distance est régulièrement organisée. Donc plus de retards considérables.

D'autres propositions ont été faites au gouvernement anglais pour réunir au moyen de câbles sous-marins toutes les colonies florissantes qu'il possède à l'est de Calcutta. Le réseau télégraphique indien s'étend jusqu'à Rangoon, dans la province de Pégu, et il a même pris beaucoup d'extension en cette province éloignée à cause de la pénurie des correspondances postales. Les lignes projetées iraient de Rangoon à Singapore par Tavoy et Penang, de Singapore à Hong-kong par Saïgon, — ce qui intéresserait le gouvernement français, — ou par Sarawak, Labuan et Manille, — ce qui tournerait à l'avantage des possessions espagnoles, enfin de Singapore en Australie par Batavia et Cepang. Toutes les mers qu'il s'agit de traverser ont une faible profondeur. Entre Java et la côte de l'Australie seulement, il se trouve, dit-on, une gorge volcanique où le plomb de sonde descend à 1,800 mètres. Ce ne serait après tout qu'un mince obstacle en comparaison de ce qui a été fait ailleurs.

Mais c'est, à n'en pas douter, vers la traversée de l'Océan-Atlantique que vont d'abord se tourner les efforts des ingénieurs et des compagnies financières. Le succès du *Great-Eastern* va susciter des rivaux à l'ancienne compagnie. Celle-ci n'a pas à craindre la concurrence dans les eaux qu'elle a parcourues, puisqu'il lui a été accordé un monopole d'atterrissement sur toutes les côtes qui avoisinent Terre-Neuve. Elle tient même en échec, par ce regrettable privilège, la ligne d'exécution plus facile qui prendrait des points d'appui intermédiaires en Islande et au Groenland. On étudiera l'Atlantique d'un pôle à l'autre, afin d'apprendre à quelle latitude il est le plus aisé de le franchir. Il suffit que les actionnaires qui ont eu confiance une première fois en l'avenir de la télégraphie océanique aient fait en définitive une bonne affaire. L'argent ne manquera pas à de nouvelles entreprises. Les intérêts du commerce et de la politique réclament d'ailleurs l'établissement de lignes multiples qui se suppléeront au besoin, et, par la concurrence réciproque, feront baisser le taux actuel des dépêches intercontinentales. Parmi les lignes en projet, on en cite déjà une qui passerait par le Portugal, les Açores et les Bermudes. Peut-être une étude hydrographique ne serait-elle pas favorable à ce projet, car la partie de l'Océan qui entoure les Bermudes a toujours été considérée, à tort ou à raison, comme ce qu'il y a de plus profond entre l'Europe et les États-Unis. D'autres proposent de franchir l'Atlantique en s'appuyant sur l'archipel des Açores et sur les îles de Saint-Pierre et Miquelon. Plus que tout autre, ce projet intéresse la France, non pas parce que ces petites îles sont des colonies qui nous appartiennent, mais surtout parce qu'une voie établie en cette direction favoriserait les correspondances de notre pays avec l'Amérique du Nord. La ligne d'Irlande à Terre-Neuve est l'affaire des Anglais ; celle de la Sibérie et du détroit de Behring profitera aux Russes ; celle des Açores et de Saint-Pierre nous conviendrait mieux. Notons que les câbles n'auraient sur ce parcours qu'une longueur relativement faible, et qu'il paraît y avoir des hauts-fonds qui en rendraient la pose ou la réparation plus facile. Cette ligne présente en vérité tant d'avantages qu'elle sera faite tôt ou tard, à moins qu'elle ne tombe comme tant d'autres, à titre de monopole, entre les mains de concessionnaires malhabiles qui ne sauraient en tirer parti, et empêcheraient de plus adroits d'y réussir.

En somme, à quelque point de vue que l'on envisage l'industrie toute moderne de la télégraphie océanique, on constate qu'il y a depuis quelques années plus de maturité dans les conceptions, plus d'habileté et de savoir-faire dans l'exécution. Cet art si récent a produit de grandes choses en dépit des obstacles considérables que la nature lui opposait. On ne peut demander aux ingénieurs que de persévérer avec prudence dans la voie qu'ils ont tracée, et l'on ne saurait plus dès aujourd'hui marquer de limites à leurs futures entreprises. L'esprit de spéculation, alléché par les bénéfices excessifs de la compagnie transatlantique, ne refusera pas son concours aux projets les plus hardis. Voilà donc une industrie dont la marche paraît assurée. Qui se plaindra que les progrès n'aient point été assez rapides ? Il n'y a pas vingt-cinq ans que l'électricité, réduite à l'office de messager, a transmis sa première dépêche, et cependant elle circule aujourd'hui d'une extrémité à l'autre de l'Europe ; franchissant les mers, elle nous apporte complaisamment les nouvelles de Calcutta et de San-Francisco. Encore un peu, elle fera le tour du monde. Il ne pourra se produire un grand événement à la surface du globe sans que le cœur de la France en palpite le jour même.

Deuxième partie

La Télégraphie électrique entre les deux mondes[3].

Lorsqu'Ampère découvrait les lois de l'électricité dynamique et faisait construire le premier appareil destiné à transmettre des signaux à l'aide du mouvement de petites aiguilles aimantées, il ne pouvait prévoir quelle brillante et rapide fortune était réservée à ce nouveau système de télégraphie. S'il eut l'incontestable mérite d'en poser les premières bases, c'est au physicien anglais Wheatstone et à l'ingénieur américain Morse que revient surtout l'honneur d'avoir réalisé, d'une manière simple et ingénieuse, la pensée hardie du savant français.

Ces fils dont on peut bien dire, sans la moindre hyperbole, qu'ils transmettent la pensée avec la rapidité de la foudre, — les fils du télégraphe électrique couvrent aujourd'hui de leur léger réseau tous les pays civilisés, se

---

[3] Par Auguste Laugel (1830–1914).

suspendent le long de tous nos chemins de fer, s'entrecroisent au-dessus des rues de nos grandes villes, traversent les plus hautes chaînes de montagnes. Qui eût, il y a vingt ans seulement, deviné que des ordres envoyés de Paris et de Londres feraient mouvoir le même jour des armées dans la Crimée, — ou, s'il est permis de passer du sujet le plus grave au plus frivole, que le touriste qui voyage dans les Alpes pourrait, grâce au télégraphe, retenu son gîte du soir au sommet du Righi?

L'étonnante extension de la télégraphie électrique s'explique aisément par la simplicité des moyens qu'elle emploie. Un fil de fer, des poteaux, quelques appareils d'une construction et d'un emploi faciles, voilà tout ce qu'il faut pour unir les deux bouts d'un continent; mais, avec cette intrépidité qui caractérise l'esprit scientifique et industriel moderne, on ne s'est point contenté de communiquer à la surface des terres, il a fallu traverser les mers elles-mêmes, et la télégraphie est alors entrée dans une phase nouvelle, où elle a rencontré des difficultés toutes spéciales, dont quelques-unes ne sont pas encore résolues.

Les premiers essais furent timides : un câble sous-marin fut placé en 1851 dans le détroit du Pas-de-Calais, entre Douvres et le cap Sangate. Peu après, l'Angleterre posa des câbles d'Holyhead aux environs de Dublin, de Douvres à Middelkerke, près d'Ostende, du comté de Suffolk à Scheveningen, qui est aux portes de La Haye.

En 1853, le Danemark établit sa communication avec l'île de Seeland par l'île de Fionie, l'Ecosse fut mise en rapports avec l'Irlande; le Zuyderzée fut traversé. Au Canada, on unissait le Nouveau-Brunswick à l'île du Prince-Edouard, dans le golfe Saint-Laurent : première étape de la grande ligne qui un jour doit relier les deux continents. On préludait ainsi à des tentatives plus hardies : la Spezzia fut bientôt jointe au cap Corse, l'île de Corse à l'île de Sardaigne, et dans la Mer-Noire le câble jeté entre Varna et Balaclava permit à l'Europe occidentale de suivre jour par jour les péripéties de la guerre. Enfin l'on essaya de compléter la communication entre l'Europe et l'Afrique, mais sans succès : le câble, qui, partant du cap Spartivento en Sardaigne, devait aboutir à la Calle en Algérie et atteindre des profondeurs de plus de 2000 mètres, fut rompu et resta en partie au fond de la mer. Malgré cet échec, il était désormais permis de croire qu'on franchirait un jour la Méditerranée, et l'on osa même espérer que l'ancien et le Nouveau-Monde seraient bientôt réunis à travers le vaste Océan-Atlantique.

L'Amérique et l'Angleterre se prirent d'enthousiasme pour cette noble tentative, et en suivirent toutes les phases avec une patriotique anxiété. On ne se borna pas à en exalter l'importance commerciale, on voulut y voir comme un gage de concorde et de paix entre deux grandes nations, qui, bien qu'armées si longtemps l'une contre l'autre et encore rivales, ne peuvent oublier qu'elles sont unies par une commune origine.

La portée politique et sociale d'une entreprise sans précédent, les études pleines d'intérêt qui l'ont préparée, l'accident même qui en est venu interrompre l'exécution, tout se réunit pour justifier l'attention qu'elle excite. On nous permettra donc d'entrer avec quelque détail dans l'examen du projet de communication électrique entre les deux mondes pour faire apprécier les difficultés de tout genre qu'il a rencontrées, les raisons qui l'ont fait échouer, et celles qui autorisent à ne pas désespérer du succès.

Le professeur Morse, de New-York, conçut le premier l'idée d'établir une communication électrique sous-marine entre les Etats-Unis et l'Angleterre. Trois ans après la pose du premier câble télégraphique en Europe, le gouvernement colonial de Terre-Neuve accorda à une compagnie la concession de cette ligne, lui alloua une subvention, et lui garantit des droits exclusifs sur la côte entière de Terre-Neuve et du Labrador, Les gouvernements de l'île du Prince-Edouard et de l'état du Maine lui offrirent peu après de semblables privilèges; mais ces concessions, comme tant d'autres qu'emporte l'oubli, seraient restées à l'état de lettre morte, si la confiance, que les plus téméraires seuls accordèrent d'abord, n'avait bientôt été justifiée par des études décisives, dont il est indispensable de faire connaître les résultats : nous voulons parler des études hydrographiques exécutées dans l'Océan-Atlantique, et des expériences entreprises en Angleterre sur le mouvement de l'électricité dans les câbles sous-marins.

Il importait d'abord de connaître avec précision la forme du grand bassin que remplit l'Atlantique, pour choisir la route qui présenterait le moins d'obstacles à l'immersion d'un câble, et diriger avec quelque sûreté cette délicate opération. Malheureusement ce qu'on pourrait nommer la géographie du fond de la mer est une science encore toute nouvelle. Les mystérieux abîmes qui séparent nos continents nous sont inconnus dans leurs profondeurs.

Tous les marins savent quelle difficulté on éprouve à exécuter des sondages rigoureux aussitôt qu'on s'éloigne à une distance un peu considérable des côtes. Le moyen qu'on emploie d'ordinaire consiste à laisser tomber un poids très lourd, attaché à une corde, et à mesurer combien il s'en déroule jusqu'au moment où l'on sent que le poids touche le fond de la mer; mais ce procédé ne donne plus aucune indication précise quand la profondeur devient très grande : le frottement de l'eau, le poids même de la corde, ne permettent guère d'apprécier l'instant où la sonde a porté. D'ailleurs la corde ne descend jamais en ligne verticale, elle se replie en sens divers sous l'influence des courants sous-marins. C'est pour ces motifs qu'on ne peut accorder aucune confiance à certains sondages qui ont accusé en quelques parties de l'Océan-Atlantique des profondeurs vraiment incroyables. Depuis longtemps, on a imaginé une foule de moyens plus ou moins ingénieux pour remédier à ces difficultés : le système adopté aujourd'hui par la marine américaine nous paraît le plus simple en même temps que le plus rigoureux.

Qu'on jette à la mer un boulet attaché à une très mince ficelle qui se déroule librement, il tombera avec une vitesse toujours croissante, jusqu'à ce qu'il aille s'enfoncer dans le lit de l'Océan. Pendant ce temps, la ficelle se dévidera de plus en plus rapidement; elle ne s'arrêtera même pas quand le boulet sera parvenu au fond, parce que les puissants courants qui traversent la mer continueront à l'entraîner; mais comme la vitesse de ces courants est constante, et incomparablement plus lente que celle d'un boulet tombant d'une prodigieuse hauteur, un hydrographe un peu exercé n'aura aucune peine à distinguer ces deux périodes du déroulement, et à estimer celle qui se rapporte à la chute seule du boulet. Cet appareil si commode a été perfectionné encore par le lieutenant Brooks, de la marine américaine. Dans son système, le boulet, arrivé au fond, se détache de lui-même, et la ficelle ramène, quand on la remonte, un petit cylindre rempli de la substance qui compose le lit de la mer. On peut obtenir ainsi des spécimens du fond de l'Océan aux plus étonnantes profondeurs. Ces ingénieuses dispositions ont permis au lieutenant Berryman de sonder en 1855 la partie de l'Atlantique qui s'étend entre l'Irlande et Terre-Neuve. La nature semblait indiquer ces deux îles comme les termes de la grande ligne destinée à unir les deux continents, dont elles sont les sentinelles avancées, et les recherches hydrographiques se trouvèrent d'accord avec cette indication. Le lit de la mer s'abaisse rapidement à partir des côtes d'Irlande, mais atteint bientôt une profondeur à peu près constante qu'il conserve sur une immense étendue. Cette plaine marine, qu'on nomme déjà le plateau télégraphique, s'étend à trois kilomètres environ au-dessous du niveau de l'Océan. La sonde n'y a trouvé ni sable ni argile; plus vaste et plus unie que les steppes et les déserts de nos continents, elle est entièrement formée par des animaux microscopiques qu'on nomme infusoires.

Couvrant, durant leur vie éphémère, les chaudes mers des tropiques, ils tombent après leur mort au fond des eaux, et les courants sous-marins les amènent à ces calmes profondeurs, où leurs délicates carapaces se conservent pour toujours à l'abri des tempêtes qui bouleversent la surface de l'Océan.

Le fond de la mer, qui, au milieu de l'Atlantique, atteint jusqu'à 3900 mètres, s'élève doucement vers le continent américain, jusqu'auprès de Terre-Neuve, où il forme un talus rapide, comme sur la côte d'Irlande. Ces premiers sondages, exécutés sur l'*Arctic*, furent vérifiés et complétés par le bateau à vapeur anglais le *Cyclope*, qui parcourut dans les deux sens la ligne qu'on avait choisie pour établir le télégraphe atlantique. La distance entre Valentia, sur là côte d'Irlande, et Saint-Jean de Terre-Neuve, qui doivent en former les extrémités, est de 2640 kilomètres en ligne droite.

Les promoteurs du télégraphe atlantique virent leurs espérances justifiées par la découverte de ce plateau, qui semblait tout préparé pour recevoir le dépôt précieux qu'on devait lui confier : on le comprendra aisément si l'on se rend compte de la façon dont s'opère l'immersion d'un câble sous-marin. On commence par le charger, sous la forme d'un vaste rouleau, à l'intérieur d'un navire; après avoir fixé l'une des extrémités à la côte, on conduit le vaisseau le long de la ligne projetée : le câble se dévide par l'effet de son propre poids et s'étend graduellement au fond de la mer, jusqu'à ce qu'on atteigne la côte opposée.

On pourrait, avec beaucoup de vérité, comparer un vaisseau chargé de cette opération à une araignée occupée à tendre un fil d'un point à un autre. Comme le fil sort du corps même de l'animal à mesure qu'il se meut, ainsi le câble s'échappe des flancs du navire pendant qu'il traverse l'Océan; seulement l'araignée ne file que ce qui lui est nécessaire et ne tend que des lignes droites, tandis qu'on a beaucoup de peine à empêcher le câble, qui se déroule avec une furieuse vitesse, de s'accumuler en inutiles méandres au fond de l'eau. Quand on est arrivé en pleine mer, la corde métallique, suspendue entre le navire et le lit de l'Océan, agit comme un poids tellement puissant qu'il faut modérer l'entraînement de la portion qui reste dans le vaisseau, en opposant au déroulement des obstacles très énergiques que les mécaniciens appellent des freins.

Lorsque le fond de la mer présente une aussi remarquable régularité que dans la région comprise entre l'Irlande et Terre-Neuve, il est assez facile, on le conçoit, de régler cette résistance, puisque le câble n'a qu'à descendre avec une vitesse uniforme qui, théoriquement, doit être égale à la vitesse même du navire en marche. De cette façon, tandis que celui-ci avancerait d'un kilomètre, un kilomètre de câble s'échouerait derrière lui sur le lit de l'Océan. Si au contraire il fallait franchir des montagnes sous-marines ou des vallées d'une grande profondeur, il deviendrait plus difficile de diriger convenablement la descente du câble, contraint de s'étendre sur des lignes très sinueuses, tandis que le bâtiment court en ligne horizontale : si le câble ne se dévidait pas assez vite, il arriverait alors infailliblement que le navire, tirant sur la partie suspendue dans les flots, en causerait la rupture.

Il ne suffisait pas d'avoir des données plus précises sur la forme et la profondeur du lit de l'Océan : il fallait encore savoir de quelle façon un câble d'une aussi grande longueur, et placé dans des conditions si nouvelles, serait propre à transmettre l'électricité. Ici nous abordons une nouvelle série d'études qui, bien qu'entreprises en vue seulement de la construction du télégraphe atlantique, ont une portée très générale et intéressent vivement les sciences physiques.

Les câbles sous-marins sont des conducteurs électriques placés dans d'autres conditions que les fils des télégraphes terrestres : ceux-ci sont isolés par l'atmosphère même qui les entoure et qui ne retarde que d'une quantité presque inappréciable la vitesse des courants qui les parcourent; aussi cette vélocité est-elle comparable à celle de la lumière elle-même. En opérant sur les fils qui relient Paris aux villes de Rouen et d'Amiens, MM. Fizeau et Gounelle ont montré, par des expériences fort ingénieuses, que l'électricité parcourt, pendant une seconde, 100000 kilomètres dans un fil de fer et 180000 dans un fil de cuivre.

M. Gould, aux États-Unis, se servit d'un fil qui relie, sur une distance de 1680 kilomètres, Saint-Louis à Washington, et trouva que les courants électriques le traversent avec une vitesse de 20600 kilomètres par seconde. En

Angleterre, l'astronome Airy a fait voir que cette vitesse est de 12100 kilomètres sur la ligne de Greenwich à Edimbourg, et seulement de 4300 kilomètres sur la ligne sous-marine qui relie Londres à Bruxelles. Le fluide électrique parcourt donc les fils terrestres avec une vitesse très variable, mais il s'y meut toujours avec beaucoup moins de paresse que sur les câbles plongés dans l'eau. Le célèbre physicien anglais Faraday a le premier expliqué cette différence; dans un câble sous-marin, les fils de cuivre destinés à servir de véhicule aux courants sont isolés par une couche de gutta-percha. Pour donner au câble plus de solidité, on tresse des fils de fer autour de cette enveloppe, et la corde ainsi préparée est descendue au fond de la mer. Les fils de cuivre qui en forment le centre ne sont donc séparés que par un mince manteau de gutta-percha du fer et de l'eau, qui sont de bons conducteurs électriques. Il en résulte qu'au moment où passe un courant, les corps voisins sont, comme disent les physiciens, *influencés*, c'est-à-dire dérangés eux-mêmes dans leur repos électrique et manifestent une excitation propre. C'est exactement ce qui arrive quand on charge un de ces appareils nommés bouteilles de Leyde, si communs dans tous les cabinets de physique. L'électricité qui s'accumule autour du cylindre de gutta-percha réagit à son tour sur celle qui voyage à l'intérieur, tend à la retenir et oppose ainsi une notable résistance à la marche du courant.

M. Faraday a fait voir, par une expérience directe, que, sur une ligne aérienne de 1500 milles anglais de longueur, l'électricité se répand presque instantanément d'un bout à l'autre du fil, tandis qu'elle emploie jusqu'à deux secondes à faire le même trajet dans un fil sous-marin.

Ces résultats faisaient craindre qu'on n'éprouvât une grande difficulté à transmettre des signaux distincts, avec une suffisante rapidité, à travers un câble aussi long que celui qui devait traverser l'Atlantique. M. Whitehouse, l'*électricien* de la compagnie (pour une chose nouvelle il faut un mot nouveau), s'est occupé de lever ces doutes.

Pendant l'année 1855, on préparait en même temps à Greenwich deux câbles destinés, l'un à traverser le golfe Saint-Laurent, l'autre à compléter la ligne de la Méditerranée, en unissant la Sardaigne à la côte d'Afrique. L'un de ces câbles devait se composer de trois fils de cuivre, l'autre de six. En formant un circuit unique avec tous ces fils, on obtint une longueur totale de plus de dix-huit cents kilomètres : jamais la science n'avait pu être servie par des expériences faites sur une échelle aussi grandiose.

Pour reconnaître avec quelle rapidité l'on pourrait transmettre des dépêches dans un câble aussi long, M. Whitehouse a construit des appareils d'une exquise sensibilité destinés à mesurer rigoureusement la vitesse des courants. Un pendule, battant la seconde, est disposé de telle façon que, pendant une oscillation, il met la pile en communication avec le câble, permettant ainsi au courant de le parcourir, et qu'à l'oscillation suivante cette communication se trouve interrompue. Au point de départ, un papier préparé chimiquement se déroule régulièrement par un mécanisme d'horlogerie : un stylet s'y appuie pendant que le courant passe, et se détache sitôt qu'il est interrompu. Ce papier présente ainsi au bout de quelque temps une suite de traits placés à égale distance, dont chacun s'imprime durant une seconde. A divers points du circuit sont disposés des rouleaux semblables, qui tous sont entrés en mouvement en même temps que le premier; seulement les stylets ne commencent à marquer leur première trace qu'au moment où le courant parvient à eux. On voit donc, à la partie supérieure de chaque bande de papier, un espace blanc d'autant plus long qu'on se rapproche davantage de l'extrémité du fil; en comparant ces diverses longueurs à la trace que l'électricité imprime pendant une seconde, on possède des images matérielles du retard qu'elle éprouve dans sa marche, et l'on peut, à l'aide de rigoureuses mesures de longueur, calculer des fractions de temps dont notre imagination a peine à saisir la valeur, mais qu'il importe à la télégraphie de connaître.

Chose singulière, à l'extrémité du fil le stylet, une fois appliqué sur le rouleau, ne pouvait plus s'en détacher, et, au lieu des traits discontinus du premier appareil, ne marquait qu'un trait indéfini. Cela vient de ce qu'à chaque seconde, au moment où le courant s'établit, un mouvement vibratoire, ou, si l'on aime mieux, une onde électrique entrait dans le fil; mais, comme il lui fallait plus d'une seconde pour en sortir, il en résultait que l'extrémité était constamment chargée d'électricité et que le courant ne pouvait être interrompu. Il fallait une seconde et demie au fil pour se décharger complètement, et par suite de ce retard les mouvements consécutifs du stylet, dont les traces forment l'écriture télégraphique, ne pouvaient être séparés par un moindre intervalle.

On acquit ainsi la preuve qu'on ne pourrait transmettre des dépêches d'un continent à l'autre qu'avec une extrême lenteur, si l'on envoyait périodiquement dans le circuit des ondes de nature semblable : il restait à examiner si, en employant alternativement des ondes d'électricité positive et négative, on ne réussirait pas à obtenir une transmission plus rapide. Le passage des courants ne peut s'opérer, avons-nous vu, qu'à la condition que le fil de cuivre reste chargé d'une certaine quantité d'électricité qui tienne en équilibre celle qui se développe autour de l'enveloppe isolante en gutta-percha; en envoyant dans le fil une onde électrique négative après une onde positive, on pouvait espérer que les molécules, subitement déchargées et rendues à leur équilibre naturel, propageraient plus docilement l'excitation nouvelle.

Les essais réussirent au-delà de toute espérance : en employant des courants dont le sens variait constamment, on parvint à produire à l'extrémité du câble huit mouvements distincts du stylet dans une seconde; bien plus, les expériences entreprises avec les courants alternatifs démontrèrent que plusieurs ondes électriques positives ou négatives peuvent voyager en même temps dans le câble sans se détruire ou se contrarier mutuellement. On a donc le droit d'espérer qu'avec des dispositions convenables, on pourra un jour, sur les lignes sous-marines et peut-être même sur les lignes terrestres, envoyer à la fois des dépêches dans les deux sens avec un fil unique : résultat qui tiendrait vraiment du prodige.

Une fois qu'on eut reconnu que la transmission électrique pouvait s'opérer avec une suffisante vitesse, il fallait rechercher quels étaient les courants qui s'affaiblissent le moins dans un long trajet, parce qu'ils doivent conserver assez d'énergie pour faire mouvoir les appareils qui enregistrent les signaux. Les anciens instruments nommés galvanomètres, qui sont destinés à mesurer l'intensité des courants électriques et se composent de fines aiguilles aimantées que le passage de l'électricité fait mouvoir, ne peuvent servir quand il s'agit de courants très forts et de très courte durée : les aiguilles s'agitent alors convulsivement et ne donnent plus aucune indication précise.

M. Whitehouse a imaginé un instrument nouveau, aussi simple que rigoureux, qui mesure la force d'attraction exercée par un barreau de fer doux, changé momentanément en aimant pendant le passage du courant. Avec cet appareil, dont la sensibilité est exquise, M. Whitehouse a pu comparer les divers courants au point de vue de leurs propriétés télégraphiques : ceux qu'on devait préférer étaient les courants qui traversent le câble avec la plus grande rapidité, tout en perdant le moins possible de leur force. Sous ce double rapport, les courants qu'on nomme voltaïques, et qui sont dus à une action chimique, se distinguent très nettement des courants dits d'*induction*; ces derniers prennent naissance dans un fil conducteur toutes les fois qu'autour de lui l'équilibre électrique ou magnétique est modifié quand on approche un aimant, quand on l'éloigné, quand un courant voltaïque naît dans un fil voisin ou quand il s'évanouit, quand il gagne en force ou quand il s'affaiblit. Les courants d'induction ne sont donc en quelque sorte que les reflets des perturbations électriques ordinaires, et pourtant ils jouissent de propriétés tout à fait distinctes. Ainsi M. Whitehouse a montré qu'ils se transmettent dans le câble sous-marin avec une plus grande vitesse que les courants voltaïques : il a prouvé aussi qu'ils voyagent d'autant plus vite que leur intensité est plus forte, tandis que l'intensité n'a aucune influence sur la propagation des courants ordinaires. Il fut donc décidé qu'on emploierait pour le service du télégraphe atlantique des courants d'induction d'une extrême énergie. La pile voltaïque qui alimente, si l'on peut s'exprimer ainsi, l'activité de ces courants inductifs est d'une force remarquable : elle est composée d'éléments en zinc et en argent, et la disposition que M. Whitehouse leur a donnée assure au courant une remarquable régularité.

Les recherches dont nous venons de rendre compte resteront désormais comme les bases de la télégraphie sous-marine et en fixent les règles d'une manière définitive. Une seule question, dans le cas actuel, restait encore à résoudre : quelle épaisseur fallait-il donner au câble atlantique ? Celui de Douvres à Calais pèse 8 tonnes par mille; si le câble de l'Atlantique avait eu les mêmes dimensions, il aurait pesé plus de 20000 tonnes : il devenait impossible de charger une masse aussi énorme dans les flancs d'un navire, fût-ce ce Leviathan des mers, le *Great-Eastern*, aujourd'hui en construction, et qui pourra un jour, dit-on, transporter sur les mers une armée de dix mille hommes. L'immersion d'un câble très lourd à de grandes profondeurs est d'ailleurs une opération très difficile, qui présente les plus grands dangers.

M. Brett raconte que, dans une première tentative pour relier la Sardaigne à l'Afrique, il ne put trouver dans tout l'équipage que trois hommes assez courageux pour rester auprès des freins. La prudence et l'économie commandaient de donner au câble atlantique la moindre épaisseur possible; mais d'autre part il semblait que l'électricité aurait plus de peine à se propager, si l'on diminuait le diamètre : c'est du moins ce qui arrive dans les courants ordinaires; la résistance qu'ils éprouvent est d'autant plus considérable que le fil est plus mince. Cette fois heureusement, les modifications que subit le mouvement de l'électricité dans les câbles sous-marins se prêtèrent comme à souhait aux exigences qu'il s'agissait de satisfaire; M. Whitehouse vérifia que, loin d'être retardé, le courant s'accélère quand on diminue l'épaisseur du câble. Aucune considération théorique ne s'opposait donc à ce qu'on lui donnât une grande légèreté, et on se préoccupa seulement de le faire assez épais pour qu'il conservât, pendant la descente, une convenable rigidité et ne se pliât pas trop docilement sous l'influence des courants sous-marins.

Après avoir résolu avec tant d'habileté et de bonheur toutes ces difficultés scientifiques, ces problèmes entièrement nouveaux, on résolut de faire une expérience solennelle avec les instruments mêmes qui devaient servir un jour sur la ligne de l'Atlantique. On réunit en un circuit unique, dont la longueur atteignait plus de 3000 kilomètres, les fils souterrains et les câbles qui font communiquer Londres,

Dumfries et Dublin, avec toutes leurs ramifications. L'expérience eut lieu à Londres, dans la nuit du 9 octobre 1856, en présence du célèbre professeur Morse.

M. Whitehouse employa, pour produire les courants, son appareil d'induction électro-magnétique et sa pile à éléments de zinc et argent : les signaux furent enregistrés suivant l'ingénieuse méthode de M. Morse, aujourd'hui presque universellement adoptée. On obtint de 210 à 270 signaux par minute, ce qui correspond à peu près à six ou huit mots. On s'assura ainsi qu'on pourrait transmettre environ un message de vingt mots en trois minutes, par conséquent 480 messages de cette longueur pendant les vingt-quatre heures.

Encouragée par cette expérience décisive, la compagnie du télégraphe atlantique se décida à faire appel au public, et fit connaître son prospectus le 6 novembre 1856. Le capital entier, qui montait à 350000 livres sterling, fut souscrit presque immédiatement. La compagnie entra en négociation avec les gouvernements de l'Angleterre et des Etats-Unis, qui lui accordèrent une subvention annuelle jusqu'au moment où les recettes atteindraient 6 pour 100 du capital, et mirent généreusement à sa disposition les navires dont elle aurait besoin. Le tarif des dépêches ne fut point fixé d'une manière définitive; mais on compte porter à 100 francs le prix d'une dépêche de vingt mots de Londres à New-York, et à 60 francs le prix d'une dépêche de même longueur entre Terre-Neuve et l'Irlande. Dans ces conditions, on peut compter sur un revenu probable de 10 à 15 pour 100. Cette proportion paraîtra peut-être faible, si l'on songe aux risques de tout genre auxquels est exposée une entreprise aussi hardie; mais il n'est pas douteux que la plupart des souscripteurs ont été moins inspirés par l'appât d'une rémunération que par le désir de contribuer à une œuvre utile et glorieuse.

La compagnie commanda le câble à la fin du mois de décembre 1856 à deux maisons anglaises, MM. Newall de Birkenhead, Glass et Elliott de Greenwich, qui s'engagèrent chacune à fournir 2000 kilomètres de câble pour la somme de 1550000 francs. La fabrication des câbles sous-marins a déjà pris en Angleterre le rang d'une industrie spéciale, et l'on put satisfaire en quelques mois à une aussi importante demande : plus de deux mille ouvriers furent employés à ce gigantesque travail. Après un grand nombre d'essais, on se décida à donner au câble un poids d'une tonne par mille et une épaisseur de 15 millimètres. Quelques mots suffiront pour indiquer de quelle manière il est composé et comment il fut construit. Le centre est formé de sept fils de cuivre, l'un droit, les six autres enroulés en hélice autour du premier; de cette façon, si l'un ou même plusieurs des fils se brisaient, les autres continueraient à transmettre les signaux. La corde en cuivre, plongée à trois reprises dans un bain de gutta-percha, est couverte ainsi d'une triple couche isolante; on l'entoure ensuite de filasse goudronnée. Préparée par tronçons de deux milles de longueur, soumis chacun à l'examen des électriciens, la corde est revêtue d'une enveloppe protectrice en fils de fer. Voici de quelle façon s'exécute cette opération : une grande roue horizontale porte à sa circonférence dix-huit cylindres verticaux autour desquels sont enroulés des fils de fer. Au centre de la roue est une ouverture par où s'élève la corde en cuivre qu'une machine à vapeur dévide, et qui monte incessamment vers le toit de l'usine. La machine dévide aussi les rouleaux de fil de fer, mais elle fait marcher par la même impulsion la roue sur laquelle ils reposent : ils tournent donc en même temps qu'ils s'élèvent, et se tordent en hélice autour de la corde centrale. Aussitôt qu'un rouleau de cuivre est épuisé, on le remplace par un autre et on soude soigneusement les extrémités. Telle est la rapidité de cette opération, qu'on a fait à Greenwich jusqu'à 48 kilomètres de câble dans un seul jour. Les extrémités qui devaient rester près des côtes ont été construites avec plus de rigidité que la partie destinée à reposer sur le fond tranquille de l'Océan. Afin que le frottement sur les rochers, l'action des vagues, le choc des ancres ne put en occasionner la rupture, on avait donné au câble un poids de plus de 7 tonnes par mille, sur une longueur de 10 milles à partir de la côte de Terre-Neuve et de 15 milles près des côtes d'Irlande.

Que de fois dans les entreprises les plus importantes on croit avoir tout pesé, tout examiné, tout prévu! On épuise toutes les ressources de la science, on descend aux plus minutieux détails, et l'on s'aperçoit au dernier moment, mais souvent trop tard, qu'on a commis quelque faute grossière que le plus ignorant aurait évitée. Quand les deux moitiés du câble furent terminées séparément, on reconnut que les hélices des fils de cuivre et de fer étaient dans chacune de ces moitiés en sens différents, les unes allant de gauche à droite, les autres de droite à gauche. Une aussi étrange méprise pouvait avoir de fâcheuses conséquences, puisqu'une fois les deux moitiés réunies au milieu de l'Océan, chacune d'elles devait aider l'autre à se détordre. On comptait réparer cette faute en attachant au point de jonction un poids très puissant : remède dangereux, puisqu'il contribuait à augmenter encore la tension du câble, déjà naturellement si forte pendant l'immersion en pleine mer.

Le gouvernement anglais mit à la disposition de la compagnie, pour recevoir une des moitiés du câble, le vaisseau l'Agamemnon, qui avait porté le pavillon de l'amiral sir Charles Lyons dans la Mer-Noire au début de la guerre de Crimée; les États-Unis envoyèrent, pour être chargée de l'autre moitié, la neuve et magnifique frégate Niagara. Les deux navires se dépouillèrent de leurs formidables engins de guerre; construits pour les terribles luttes de la mer, ils allaient se rencontrer pour une œuvre toute pacifique. Les deux moitiés du câble furent amenées dans les chambres qu'on leur avait préparées, au moyen de poulies portées sur des bateaux alignés jusqu'auprès des vaisseaux à l'ancre: à mesure que le câble entrait, on l'enroulait avec un soin extrême autour d'un axe vertical, de façon que les tours se recouvrissent très exactement et que rien ne pût mettre obstacle au déroulement.

Il fallut un mois entier pour charger une moitié du câble dans l'*Agamemnon*; la forme de ce navire permit de l'y loger en un rouleau unique, dont la partie supérieure formait un vrai plancher circulaire de 45 pieds de diamètre. Dans le *Niagara*, on fut obligé de diviser le câble en trois rouleaux, et il fallut même démolir en partie l'intérieur de la neuve et brillante frégate.

Pendant qu'on préparait avec une si étonnante rapidité le câble du télégraphe atlantique, on se préoccupait aussi de perfectionner les appareils ordinairement employés pour immerger les câbles sous-marins. La principale difficulté de cette opération consiste à empêcher la corde métallique de se dérouler trop rapidement et de s'amasser au fond de la mer en longs replis.

Jusqu'à présent, voici de quelle façon on a essayé de modérer la vitesse du câble pendant sa descente : en arrivant sur le pont du navire, il vient s'enrouler plusieurs fois autour d'un tambour ou cylindre qu'il oblige à tourner avec lui; il passe successivement autour de plusieurs tambours analogues placés sur son trajet; arrivé à l'arrière du vaisseau, il glisse sur un fort rail en fer et descend enfin dans la mer. La friction que le câble, fortement tendu par le poids de toute la partie suspendue entre le navire et le fond de l'eau, exerce sur les tambours, autour desquels il s'enroule, et sur le rail en fer, l'empêche de se dévider trop vite, et il est loisible d'augmenter le frottement en rendant le mouvement des tambours de plus en plus difficile, au moyen de freins en bois dur pareils à ceux qui arrêtent en peu d'instants les roues des wagons lancés à grande vitesse sur nos chemins de fer. Toutes ces dispositions étaient encore imparfaites : ainsi il arrivait souvent que, le câble descendant avec une extrême rapidité, les différents tours se mêlaient sur les tambours et s'usaient en frottant les uns contre les autres; le câble, fortement échauffé par la friction, se détériorait en passant sur le rail de fer, bien qu'on fût constamment occupé à l'arroser avec de l'eau froide. Pour opérer l'immersion du câble de l'Atlantique, on a donc avec raison supprimé ce rail en fer, et on l'a remplacé par une immense poulie, fortement fixée à l'arrière, un peu en dehors du navire : le câble tourne une dernière fois autour d'elle avant de plonger dans les flots. Les tambours autour desquels le câble s'enroule en passant sur le pont portaient des sillons profonds en acier, où s'engageaient régulièrement les tours, qui ne pouvaient ainsi s'enchevêtrer malgré la rapidité du mouvement. Il y avait quatre tambours pareils, dont les mouvements étaient solidaires et réglés par la manœuvre du frein. Il eût, je crois, été préférable de laisser les tambours indépendants les uns des autres et de leur appliquer des freins séparés; on eût diminué ainsi ce qu'on pouvait appeler la rigidité de l'appareil, condition avantageuse pour graduer convenablement la tension du câble et pour l'empêcher de devenir trop considérable.

Les deux navires furent munis de tout ce que la prudence la plus scrupuleuse pouvait croire nécessaire; on y accumula un véritable matériel de construction et de réparation, des appareils électriques de tout genre. En supposant qu'une partie du câble eût perdu la faculté de conduire l'électricité, on devait en être averti immédiatement par l'arrêt d'une sonnette que le courant tiendrait constamment en mouvement. Aussitôt on aurait serré les freins pour arrêter la descente, mis en quelque sorte le navire à l'ancre sur l'immense corde qui l'attachait au fond de la mer, relevé graduellement la partie immergée à l'aide d'une machine à vapeur; puis, le tronçon en défaut une fois découvert, on aurait coupé la portion privée d'électricité et ressoudé les deux extrémités saines.

Dans le cas où une de ces tempêtes soudaines, qui sont malheureusement si communes dans cette partie de l'Atlantique, serait venue mettre l'opération en danger, on projetait de couper le câble, d'attacher le bout de la partie immergée à un puissant câble de réserve, préparé à cet effet, qu'on eût laissé rapidement descendre à la mer. On devait fixer de fortes bouées à l'extrémité, afin qu'elle flottât à la surface de l'Océan. Pendant que les fureurs de la tempête se seraient épuisées sur ce câble de secours, les navires auraient couru librement sous le vent; le calme revenu, on aurait recherché les bouées, remonté le câble de secours et repris l'opération régulière.

L'époque choisie pour l'immersion rendait ces dernières précautions à peu près inutiles : le lieutenant Maury, qui a fait une étude approfondie de la météorologie de l'Océan-Atlantique, avait indiqué comme la période la plus propice au succès de l'entreprise la fin du mois de juin et le commencement du mois d'août. C'est à ce moment qu'on a le moins à craindre les tempêtes, les brouillards et les glaces flottantes, qui à d'autres époques de l'année rendent si dangereuse la route de l'Irlande à Terre-Neuve. Malheureusement à ces latitudes septentrionales on ne peut guère compter, même pendant la saison la plus favorable, sur plus de dix ou douze jours de-beau temps continu; il importait donc de terminer l'opération avec la plus grande célérité possible.

Pour en hâter les progrès, on avait d'abord songé à envoyer les deux navires au centre de l'Atlantique : on y eût soudé les extrémités des câbles dont ils étaient chargés. Cela fait, l'un des navires aurait fait voile pour l'Irlande, l'autre pour Terre-Neuve, et le câble, une fois descendu au milieu de l'Océan, se fût étendu dans les deux sens à la fois. De cette façon, on pouvait terminer l'opération deux fois plus vite qu'en immergeant d'abord la moitié du câble à partir de l'Irlande, puis l'autre moitié en avançant vers Terre-Neuve. De plus, en allant dès le début au milieu de l'Océan, on se plaçait tout de suite dans les circonstances les plus critiques, l'on mettait le mieux à l'essai la force de résistance du câble, et s'il devait se briser, on ne risquait que d'en perdre une faible longueur. Ajoutons qu'il était très facile de souder les deux moitiés du câble, tant qu'elles étaient encore chargées sur les navires, mais que cette opération devait présenter de réelles difficultés, surtout par un gros temps, si l'une d'elles était déjà immergée. Pour tous ces motifs, on avait d'abord décidé que l'immersion commencerait au milieu de l'Atlantique. Cette résolution fut ensuite abandonnée, et l'on préféra faire naviguer de conserve les deux bâtiments chargés du câble avec les *steamers* qui devaient leur prêter appui, afin de concentrer toutes les forces et les ressources de l'escadre.

Le 29 juillet 1857, le *Niagara* entra dans le port de Queenstown, accompagné du *Susquehanna*, un des plus rapides bâtiments à vapeur de la marine des États-Unis : l'Agamemnon était déjà au rendez-vous avec le *Léopard* et le *Cyclope*, qui avait opéré les derniers sondages dans l'Océan. On vit bientôt arriver M. Bright, l'ingénieur en chef de la compagnie, M. Whitehouse, M. Morse, M. Cyrus Field, un des plus ardents promoteurs du télégraphe atlantique, le savant professeur Thomson, qui par ses conseils avait tant contribué à résoudre les problèmes scientifiques dont la solution importait au succès et à l'avenir de l'entreprise.

Le 3 août, le lord-lieutenant d'Irlande, en présence d'une foule immense, inaugura l'immersion du câble sous-marin dans la paisible baie de Valentia, qu'on avait choisie comme un des termes de la ligne, parce que très peu de vaisseaux viennent y jeter l'ancre. L'extrémité du câble fut amenée par des bateaux sur la rive, et lord Carlisle la relia à une forte pile qui, pendant l'opération, devait établir une communication permanente avec les navires. En cas de réussite, il était convenu que les premières dépêches entre les deux continents seraient directement échangées entre la reine Victoria et M. Buchanan, président des États-Unis. L'expédition partit le jour suivant.

Au bout de quelques heures, le câble s'engagea dans la machine et fut brisé; on perdit quelque temps à retirer la partie déjà immergée et à la ressouder. On mit de nouveau à la voile le lendemain, et pendant quatre jours consécutifs on reçut constamment des dépêches du *Niagara*.

Le 11 août, les signaux furent subitement interrompus : le câble s'était rompu en pleine mer.

Le retour des navires, que tant de cris de joie avaient salués au départ, s'opéra au milieu d'une véritable consternation.

Dans le rapport qu'il envoya immédiatement aux directeurs de la compagnie, l'ingénieur en chef raconte que la pose du câble épais destiné à la côte s'était accomplie sans difficulté. On y avait soudé le câble principal, dont le déroulement se fit d'abord avec une grande régularité. Pendant quelque temps, il descendit avec une vitesse à peu près égale à celle du navire; mais, à mesure que la profondeur de l'Océan augmentait, le déroulement devint plus rapide, et il fallut imprimer aux freins une force de résistance toujours croissante. En pleine mer, le câble se dévidait avec une vitesse de cinq nœuds à l'heure, pendant que le navire faisait seulement trois nœuds. Bientôt de nouvelles circonstances vinrent rendre l'opération encore plus difficile. Pendant que le navire avançait dans la direction de l'est à l'ouest, un puissant courant sous-marin venant du sud entraîna le câble en dehors de la ligne du vaisseau, et contribua encore à en augmenter la tension. La mer devint grosse; chaque fois qu'une vague soulevait l'arrière du navire par où le câble s'échappait, l'immense corde métallique, suspendue jusqu'au fond de l'Atlantique, éprouvait une subite et forte commotion. Quand l'extrémité du câble se trouvait ainsi relevée, M. Bright, pour affaiblir la secousse, faisait ralentir l'action du frein, et laissait à propos descendre le câble avec plus de rapidité pour contre-balancer l'effet produit par l'ascension du navire. Il avait dirigé tout le temps en personne l'opération du déroulement; un moment il fut obligé de quitter la machine pour aller à l'avant du vaisseau. A peine éloigné, il entendit tout bruit cesser; le câble s'était brisé au fond de la mer. Il est hors de doute que ce déplorable accident ne peut être attribué qu'à une inintelligente manœuvre du frein, et l'on a droit de s'étonner que, pour une entreprise aussi capitale, on n'ait pas réuni un personnel nombreux et bien exercé, et que tant de puissants intérêts soient restés en quelque sorte à la merci d'un seul homme. Il est d'autant plus permis de regretter cette imprévoyance que l'on était déjà parvenu à immerger 540 kilomètres du câble, et qu'il s'échouait régulièrement à l'effrayante profondeur de 2,000 brasses. La transmission des signaux s'opérait avec une perfection qui dépassait toutes les espérances et avec plus de facilité même que près des côtes d'Irlande ; l'énorme pression qui s'exerçait sur le câble au fond de l'Océan, au lieu d'en diminuer la conductibilité, semblait en quelque sorte l'augmenter, comme si la gutta-percha fortement comprimée isolait mieux les fils de cuivre placés à l'intérieur.

Un premier insuccès ne doit point décourager les promoteurs du télégraphe atlantique : il eût été assez étonnant qu'on eût réussi du premier coup à traverser l'Océan sur une immense longueur, quand presque toutes les entreprises du même genre, exécutées dans des bras de mer peu profonds, ont généralement échoué au début. N'a-t-on pas brisé des câbles sous-marins dans la Mer-Noire, entre Terre-Neuve et l'île du Prince-Edouard, et à deux reprises dans la Méditerranée? La portion du câble de l'Atlantique qu'on a immergée sans accident est plus étendue que le câble de Varna à Balaclava, le plus long qui ait jusqu'ici réuni deux rivages opposés. La profondeur de la Mer-Noire est d'ailleurs si insignifiante, quand on la compare à celle qu'on a pu atteindre dans l'Océan-Atlantique, que personne ne voudrait songer à comparer les difficultés des deux opérations.

Quelles leçons faut-il tirer de cette première expérience en prévision d'une tentative nouvelle? C'est ce qu'il nous reste à examiner. L'ingénieur en chef, M. Bright, assure qu'il n'y a presque rien à changer à la machine qui sert à opérer l'immersion, et qu'elle a fonctionné tout le temps avec une parfaite régularité : il nous semble pourtant qu'il serait préférable de laisser les tambours autour desquels tourne le câble indépendants les uns des autres, et de leur appliquer des freins séparés dont la résistance serait convenablement graduée. Mais le progrès qu'il nous paraît surtout indispensable de réaliser consisterait à rendre la tension du câble aussi indépendante que possible des mouvements du navire. Les profondeurs qu'on a pu atteindre avec le câble ont prouvé qu'il ne se romprait point, comme beaucoup de personnes le croyaient, sous sa propre charge; il n'a donc véritablement à craindre que les secousses que lui imprime le navire, quand les vagues l'abaissent et l'élèvent alternativement. Chacun peut faire aisément l'expérience suivante. Qu'on suspende au bout d'un fil un poids très lourd qui l'étiré fortement, sans pourtant le briser. Le fil portera sa charge tant que la main qui le tient reste immobile; mais qu'elle lui imprime une soudaine et vive secousse, il se brisera aussitôt. Le câble suspendu entre le navire et le fond de la mer est dans le cas d'un fil soumis à une excessive tension, et l'expérience a prouvé qu'à une profondeur de 2,000 brasses, cette tension n'est pas assez forte pour le rompre; mais quand l'arrière du navire, où s'attache le câble, s'élève par bonds de cinq ou six mètres, l'immense corde métallique se trouve soulevée, et la commotion qui s'y propage peut facilement la briser. C'est là, on peut l'affirmer, le plus grand danger auquel soient soumis les câbles sous-marins pendant l'immersion, et c'est généralement ce qui en a causé la rupture. Pour l'amoindrir, il n'y a qu'un seul moyen : c'est celui qu'on emploie sous mille formes diverses, dans les innombrables applications de la mécanique, pour atténuer l'effet des chocs et des secousses, et dont les ressorts de nos voitures donnent un exemple familier. Le problème à résoudre consiste donc à tenir le câble constamment suspendu par un mécanisme énergique. M. Victor Beaumont, ingénieur à New-York, propose de faire passer le câble sur une forte poulie qui pourrait se mouvoir de bas en haut et de haut en bas, et qui serait suspendue à un puissant ressort. De cette façon, au moment où l'arrière du navire serait soulevé par la vague, la poulie s'abaisserait d'elle-même autant que le vaisseau s'est élevé; le câble conserverait toujours à peu près la même tension. Pour qu'un ressort semblable pût amortir complètement les secousses que le navire imprime à la corde métallique qui traîne derrière lui, il faudrait que la poulie qui s'y trouve suspendue pût s'élever et s'abaisser au moins de 5 ou 6 mètres. Il n'est pas nécessaire d'être familier avec la mécanique pour comprendre que les organes d'une machine ne peuvent impunément faire des bonds aussi effrayants. Il y a heureusement un moyen fort simple de les atténuer, tout en atteignant le même but. Au lieu d'une poulie unique, je proposerais d'en employer dix. Cinq d'entre elles seraient alignées horizontalement les unes à côté des autres et suspendues à des ressorts qui se comprimeraient de bas en haut. Les cinq autres, disposées au-dessous des premières, seraient soutenues par des ressorts qui pourraient être comprimés de haut en bas. Le câble passerait alternativement au-dessus d'une des poulies supérieures et au-dessous d'une des poulies inférieures, en formant ainsi une ligne serpentine dont les inflexions seraient d'autant plus fortes que le câble serait plus tendu. Si la partie du navire qui porte la machine s'élevait subitement, par exemple, de 5 mètres, chacune des poulies n'aurait à effectuer qu'une oscillation de 5 décimètres, pour atténuer la secousse qui autrement serait imprimée dans toute sa force à la corde métallique. Il est très facile d'imaginer des dispositions qui, dans cette limite, rendraient ces oscillations très faciles, et sans aucun danger pour le déroulement du câble. Au lieu de ressorts en métal ou en gutta-percha, il serait sans doute plus convenable d'employer des cylindres remplis d'air comprimé; le mouvement ascensionnel ou descendant des poulies sur lesquelles passerait le câble se communiquerait aux pistons, qui, en se mouvant dans les cylindres, feraient varier la résistance du gaz.

Il est impossible de faire cette année une nouvelle tentative pour établir le télégraphe atlantique. On a reconnu la nécessité d'employer une plus grande quantité de câble. Au lieu de 4000 kilomètres, on en chargera la prochaine fois 5000. Il faut se résigner à laisser le câble avec une vitesse beaucoup plus forte que celle du navire, plutôt que de tout compromettre en opposant trop de résistance au déroulement. Au point de vue de l'économie et de la transmission des dépêches, il y a sans doute un inconvénient manifeste à augmenter la longueur de la corde immergée; mais l'admirable conductibilité des fils au fond de la mer semble permettre de faire ce sacrifice à la sécurité de l'opération. Ce qui reste du câble atlantique recevra peut-être une autre destination que celle qu'on lui réservait primitivement. Une compagnie formée en vue d'établir une communication électrique entre l'Angleterre et l'Inde a offert de l'acheter, avec le concours de la compagnie des Indes. On pourrait établir en trois mois un télégraphe terrestre le long de la côte de l'Arabie, entre Suez et Aden. De cette ville partirait le câble sous-marin qui irait aboutir à Kurachee, principal port du Scinde, situé près de l'embouchure de l'Indus, à 120 kilomètres seulement d'Hyderabad. La distance entre Aden et Kurachee est de 2500 kilomètres, et ce qui reste du câble atlantique serait amplement suffisant pour joindre ces deux villes. Dans la Méditerranée, Malte et la Sicile sont au moment d'être réunies. Si l'on posait ensuite, comme il en est question, un câble entre Malte et Alexandrie, une ligne télégraphique continue unirait l'Angleterre à l'Inde, en traversant presque les trois quarts d'un hémisphère terrestre, et l'on saurait au bout de vingt-quatre heures à Londres ce qui se passe aux bouches de l'Indus et du Gange. On estime qu'il faudrait 7500000 fr. pour relier Suez à Aden, 16 millions pour poser un câble sous-marin entre Aden et Kurachee : que sont d'aussi faibles sommes en regard des avantages que présenterait à l'Angleterre l'établissement d'une ligne qui lui permettrait de surveiller heure par heure ce vaste empire, dont la conservation importe autant à sa grandeur qu'à l'avenir de la civilisation dans l'Orient? Quand on songe que la révolte de l'Inde a éclaté le 10 mai dernier, et qu'on n'a pu en connaître l'importance et les dangers qu'au mois de juillet, on déplore qu'un temps si précieux ait été perdu, et que des mesures rapides n'aient pu modérer une explosion qui menace aujourd'hui de rendre nécessaire une nouvelle conquête, et force l'Angleterre à recommencer l'œuvre sanglante des Clive et des Warren Hastings.

L'extension de la télégraphie sous-marine aurait donc pour effet de consolider la suprématie des nations civilisées dans le monde. Tel serait l'avantage politique de ce nouveau moyen de communication. Au point de vue commercial, il est à peine nécessaire d'en faire ressortir les heureux résultats. Quand on connaîtra à chaque instant l'état des marchés les plus lointains, les besoins de tous les peuples et des colonies les plus éloignées, le commerce pourra remplir avec plus de méthode et de sécurité sa bienfaisante mission.

L'établissement d'une ligne télégraphique entre l'Angleterre et l'Amérique, en même temps qu'elle multiplierait les relations entre l'ancien et le Nouveau-Monde, porterait, sans aucun doute, un coup fatal à cette fièvre de spéculation dont les ravages n'ont été nulle part aussi terribles que dans les grandes cités commerciales des États-Unis. Pour le comprendre, il faut se rappeler que les capitaux anglais et américains sont partout engagés dans une foule d'entreprises communes, et que le contre-coup des crises qui affectent les marchés de l'Angleterre est ressenti vivement de l'autre côté de l'Atlantique : cette dépendance est aggravée par l'interruption forcée des nouvelles qui n'arrivent que par intervalles. La spéculation les commente et profite de ces périodes d'attente; la substitution des bateaux à vapeur aux vaisseaux à voiles a déjà entravé ces opérations, auxquelles le hasard seul sert de base, et qui deviendront encore plus difficiles quand le télégraphe atlantique fera connaître chaque jour à New-York la situation de Londres et les nouvelles de l'Europe.

De tels résultats font aisément comprendre quel avenir est réservé à la télégraphie sous-marine. Dans la Méditerranée, il n'est pas douteux que, d'ici à une époque assez rapprochée, plusieurs lignes rattacheront l'Europe à l'Afrique et à l'Asie. M. Newall et M. Bonelli ont fait une nouvelle tentative pour relier l'Afrique à la Sardaigne, et elle n'a échoué que parce que M. Newall avait construit une longueur insuffisante de câble. Il avait espéré, en faisant remorquer rapidement le navire qui en était chargé par des bateaux à vapeur, que le câble, au lieu de s'échouer sur les inégalités du lit de la mer, se tendrait d'une montagne sous-marine à l'autre, comme un pont suspendu. Cet espoir fut déjoué, et le câble était épuisé quand on arriva à 16 kilomètres du cap Teulada. M. Newall arma l'extrémité du câble d'anneaux en fer, afin de le repêcher plus tard avec des grappins. Il en a déjà retiré d'autres de cette manière, et notamment le câble de la Mer-Noire. On espère que l'opération va être reprise, et on ne peut guère douter que cette fois l'habile ingénieur anglais ne complète son œuvre, un moment interrompue. Malte sera aussi, on l'a vu, reliée dans un très court délai à la Sicile, et bientôt après au port d'Alexandrie; plus tard sans doute Alexandrie sera unie à Constantinople.

L'archipel grec semble tout préparé pour joindre Smyrne à la Grèce, qui a elle-même intérêt à communiquer directement avec les Iles-Ioniennes et l'Italie. Le fond de l'Atlantique ne sera jamais sillonné par des fils télégraphiques aussi nombreux que ceux qui traverseront le bassin de la Méditerranée, aux côtes profondément découpées, et semé de si nombreuses îles. Les difficultés que nous avons cherché à luire apprécier s'opposeront à ce qu'on multiplie les lignes océaniques, et l'on sera toujours gêné par la nécessité de choisir les régions les moins profondes de la mer.

S'il a été impossible de modérer convenablement la vitesse du câble atlantique à une profondeur de deux mille brasses, on peut juger de ce qui arriverait, si l'on s'aventurait dans les régions où la sonde peut descendre à quatre ou cinq mille brasses.

La ligne de l'Irlande à Terre-Neuve est la seule qui nous paraisse bien choisie. La nature elle-même assure à ceux qui rapprocheront ces deux îles le monopole absolu des communications entre les Etats-Unis et l'Europe. Plus au nord, sur la côte du Groenland, les glaces sont trop à redouter, et la mer atteint une plus grande profondeur; plus au sud, on a proposé d'atteindre l'Amérique par les Açores, mais ce projet n'a aucune chance de réussite. Il serait peut-être possible de réunir les Açores à Terre-Neuve, mais la compagnie anglo-américaine du télégraphe atlantique possède un privilège exclusif sur les côtes de cette île. On serait donc obligé d'aller des Açores à la Nouvelle-Angleterre, et de franchir l'immense vallée marine où se précipitent les eaux du *gulfstream*, qui à ces latitudes atteint une incroyable profondeur.

C'est dans le golfe du Mexique et dans la mer des Antilles que l'Océan-Atlantique a la moindre profondeur. Si jamais les Américains s'emparent de Cuba, ils ne manqueront certainement pas d'unir cette île d'une part à la Floride et de l'autre à l'isthme de Panama. Une ligne de communication plus difficile à établir serait celle qui joindrait l'Amérique du Sud à l'Europe par l'île Fernando Noronha, l'île Saint-Paul, les îles du Cap-Vert et les Canaries. Il est pourtant permis d'espérer qu'un jour on accomplira ce gigantesque travail : sur ce long trajet, la profondeur de la mer ne dépasse trois mille brasses que dans une zone assez limitée, entre le cap Saint-Roque et les îles du Cap-Vert, et se maintient au-dessous de deux raille brasses sur les deux tiers de la route.

Dans l'autre hémisphère, aussitôt qu'une ligne télégraphique réunira l'Angleterre à l'Inde, on parle déjà de la prolonger dans les possessions hollandaises et même jusque dans l'Australie et dans la Nouvelle-Zélande.

Lorsque toutes ces merveilles seront achevées, quand sur le continent américain le fil télégraphique qui doit franchir les Montagnes-Rocheuses atteindra la Californie, l'habitant de San-Francisco pourra correspondre avec celui de Sydney ou de Melbourne. Le jour où la volonté de l'homme pourra, avec une prestigieuse rapidité, faire presque le tour entier du globe, n'aura-t-il pas le droit d'être fier et de sentir plus vivement sa propre grandeur? Ne sentira-t-il pas aussi d'autant mieux sa petitesse en voyant d'une façon si nouvelle et si saisissante combien est étroit cet empire qui lui est attribué, et dont les bornes lui renverront en un temps si court l'écho de sa propre pensée?

www.ingramcontent.com/pod-product-compliance
Lightning Source LLC
Chambersburg PA
CBHW051655040426
42446CB00009B/1147